辻・本郷 税理士法人の研修・セミナーテキスト

伸びる会社のチエ袋

❶ わが社の健康診断
── 「危ない会社」にならないための布石

❷ 問題解決のチエ
── 社長も社員も一丸となるPDCA

❸ 全員参加のコストダウン
── やってはならないコストダウンもあるのです

❹ 社内不正に備える
── 放置するとカビのごとく蔓延します

辻・本郷税理士法人顧問
神奈川大学名誉教授・商学博士
田中 弘 [著]

税務経理協会

読者の皆さまへのメッセージ

この本を手に取っていただき，ありがとうございます。

この本を手にされたということは，御社が，現状に満足せず，もう一段上のステージに上がろうとお考えになっているか，あるいは，将来に何らかの不安を抱えていて，それを乗り切ろうとしているのではないでしょうか。

すばらしいですね。**現状に満足しない，問題を放置しない，**「時代が悪い」とか「どこも同じだ」といった他人のせいにせず，自らの力で次なる高みを目指す……すばらしいですね。私からも，大いなる賛辞と応援のエールをお送りしたいと思います。

明日は明るい！

この本は，中堅・中小企業が直面するさまざまな経営上の課題を，いかにして乗り切るか，さらには，いかにして成長のステージに上がるか，これを皆さんと一緒に考え，実践するための「同伴走者」です。

お読みいただいた後には，きっと，「よし，やるぞ！」「これで従業員の生活を護れる」「わが社も捨てたもんじゃないぞ！これからだ。」という明るい，前向きな気持ちになることと思います。

「明日は明るい！」

そうです。読んで字のごとく，「明日」は「明るい日」なのです。

経営はチエくらべ

よく「困ったときの神頼み」と言いますが，会社や店を経営していて「神頼み」というわけにはいきません。**頼みになるのは，冷静な現状把握と会計のデータです。**

しっかりとした状況判断のもとで，わが社の会計データを分析してみますと，わが社の問題点がよく見えてきますし，どうすれば問題を解決することができるかを知ることができます。

本書は，第1章で，「わが社の健康診断」を取り上げます。まずは，わが社の現状を知ることです。ここで，経営上の問題が発見されたなら，第2章の「問題解決のチエ」が役に立ちます。第2章では，最近話題の「PDCA」という問題解決の技法を紹介します。

チエを働かせば，会社は伸びるし，問題も解決することができるのです。

具体例からヒントをつかむ

多くの会社が直面する問題は，「利益が出ない」ことと，「社員・店員による不正やポカミス」ではないでしょうか。そこで本書では，第3章で，**「全員参加のコストダウン」**を，さらに第

読者の皆さまへのメッセージ

4章で，「社内不正に備える」というテーマを取り上げます。

　ここでは，できるだけ具体例をたくさん紹介して，御社の参考にしていただきたいと思います。実は，コストダウンも社内不正の予防も，第1章の「わが社の健康診断」が元になります。

　健康診断によって，「売上げの割に利益が上がらない」といった問題が発見されたならば，「費用のかけすぎ」が疑われます。費用（コスト）を見直して，利益の出る収益費用構造にする必要があります。コストダウンですね。ただし，コストダウンには，「やってはいけないコストダウン」もあります。本文で紹介します。

　社長の肌感覚では利益が出ているはずなのに，決算では利益が少ないという場合，無断で在庫が持ち出されたり，営業費がたびたび水増し請求されているといった「社内不正」が原因のこともあります。企業規模の大小にかかわらず，こうした不正は頻発し，それを見逃せば，「不正はカビのごとく蔓延」するのです。

　「コストダウン」も「社内不正の防止」も，社長さん1人では限界があります。そこで第2章の「問題解決の技法」である「PDCA」を活用するのです。

　御社のご成長とご発展をこころから祈念しています。

田中　弘

辻・本郷の研修テキスト

　本書は，辻・本郷 税理士法人が，お客様（顧問先の企業）や職員を対象として開催しているセミナーや研修をテキスト化したものです。

　本書では，次の４つを取り上げました。

1　わが社の健康診断
　　──「危ない会社」にならないための布石

2　問題解決のチエ
　　──社長も社員も一丸となるPDCA

3　全員参加のコストダウン
　　──やってはならないコストダウンもあるのです

4　社内不正に備える
　　──放置するとカビのごとく蔓延します

　なお，本書で取り上げなかったテーマにつきましては，近いうちにテキスト化してご覧いただく予定です。

読者の皆さまへのメッセージ

辻・本郷の公開セミナー

　辻・本郷　税理士法人では，セミナーや研修の一部を公開しています（主催は，（一財）経営戦略研究財団）。

　セミナーや研修の内容や開催状況等につきましては，次のメールにお問い合わせください（田中弘のアドレスです）。

akanat@mpd.biglobe.ne.jp

　①お名前，②貴社名，③電話・FAX番号，④ご住所をお書き添えいただければ幸いです。メール，FAX，郵送など，ご希望の方法で案内状をお送りします。

Contents

読者の皆さまへのメッセージ

第1章　わが社の健康診断
——「危ない会社」にならないための布石 ………… 1

わが身の健康診断 ……………………………… 2

経営分析は会社の健康診断 …………………… 2

問題を発見し，解決策を考える ……………… 3

何が問題か ……………………………………… 4

原因は何か ……………………………………… 4

解決策を考える ………………………………… 5

経営者は自分の会社のことがわからない ……… 8

ベンチャー・ビジネスを起こすために知っておく ……… 8

取引に入る前に，取引先のことを知っておく ……… 9

ちょっと気になる「うちの会社」と「となりの会社」… 10

経理課をのぞいてみよう ……………………… 11

経理部にはどんなデータが集まるか ………… 12

経理部に集まる情報 …………………………… 13

会社が動けばお金が動く ……………………… 14

仕入れがわかれば会社の売上げがわかる …… 14

1

工場の電気代は工場の活動量と正比例 ……………… 15

ビールの空き瓶は物語る ……………………………… 15

アイスクリーム屋のコーンが減ると ………………… 16

では，もう少し具体的に ……………………………… 16

わが身の健康診断 ……………………………………… 18

わが社の健康診断 ……………………………………… 18

「その取引先，大丈夫ですか？」 …………………… 19

「粗利（売上総利益）」が少ないと給料を払えない … 24

粗利から従業員の給料を払う ………………………… 24

営業利益＝本業の稼ぎ ………………………………… 25

事業の継続能力は「営業利益」で見る ……………… 26

内部留保は健全企業の証 ……………………………… 27

今年の稼ぎは「経常利益」で見る …………………… 28

臨時・異常な損益の扱い ……………………………… 29

売上げの質を見る ……………………………………… 31

　現金売上げか掛売りか ……………………………… 32

資本の有効活用度を見る ……………………………… 34

　資本利益率 …………………………………………… 34

バランスシート ………………………………………… 35

支払能力，返済能力，借入余力を判定する ………… 38

　流動比率は160％で合格 …………………………… 40

　当座比率は80％で合格 ……………………………… 41

財務の安定性は「自己資本比率」で見る …………… 42

資本の効率は「資本利益率」で見る ………………… 44

　目標とする利益率 …………………………………… 45

設備の有効活用度を見る ……………………………… 45

成長の安定性を見る …………………………………… 47

目　次

第2章　問題解決のチエ
——社長も社員も一丸となってPDCAを回そう！ ………… 51

経営は「チエくらべ」 ……………………………… 52

経営は，1人でやるものではないのです ……………… 57

問題が発生する・問題を発見する
（PDCAのスタート） ………………………………… 58

　原因は何か ……………………………………… 60

　解決策を考える ………………………………… 61

　解決策の実行 …………………………………… 62

プロセスを「見える化」する ……………………… 67

全員参加のPDCA ……………………………………… 68

　新しい問題を発見する ………………………… 69

PDCAとOODA ………………………………………… 74

問題には3つのタイプがある ………………………… 75

　(1) 発生する問題 ……………………………… 76

　(2) 発見する問題 ……………………………… 76

　(3) 目標とのギャップという問題 …………… 76

問題にどう対応するか——事前対応と事後対応 …… 77

　(1) 事前対応 …………………………………… 78

　(2) 事後対応 …………………………………… 78

　(3) 再発防止 …………………………………… 82

オズボーンのチェックリスト ……………………… 83

　(1)「質よりも量を重視」………………………… 84

　(2)「批判しない」………………………………… 85

　(3)「発言は手短に」……………………………… 85

1人ブレーンストーミング …………………………… 91

3

第3章 全員参加のコストダウン
──やってはならないコストダウンもあるのです ············· 95

資本の効率 ············· 96

売上げの増進かコストの削減か ············· 98

売上げを増大するには ············· 99

売上げを伸ばすのは営業部門の仕事 ············· 99

コストダウンは誰にでもできる！ ············· 100

コストダウンには乗数効果がある ············· 103

利益を2倍にするには ············· 104

コストダウンの基本的な考え方 ············· 106

コストダウンには「理由」が要る ············· 108

やってはいけないコストダウン ············· 111

効果的なコストダウン──的を絞る ············· 112

  100万，200万のコストダウンなら，やらない
  ほうがいい ············· 112

最悪のコストダウン ············· 113

再び，オズボーンのチェックリスト ············· 113

次なる課題は「在庫管理」 ············· 115

  なぜ在庫管理が重要か ············· 116

どのような在庫をどのように管理するか ············· 117

ABC分析による重要品目の選定 ············· 118

  ABC分析 ············· 118

  金額的に重要でない品目はどう扱うか ············· 123

パレート図からABC分析へ ············· 123

  重要な在庫をしっかり管理する ············· 124

最適な発注量と発注点を知ろう ············· 125

目　次

EOQやEOPがわかったら ……………………… 125

ツービン・システム（ダブルビン法） ……… 126

在庫にかかる費用 ……………………………… 128

　段取費も発注費と同じ ………………………… 129

　発注量を増やせば発注費は減る ……………… 129

最適発注量を求める …………………………… 131

経済的発注点を求める ………………………… 137

　トリプルビン・システム ……………………… 139

第4章　社内不正に備える
──放置するとカビのごとく蔓延します ……………… 141

不正は放置すると蔓延する …………………… 142

不正は放置すると大胆になります …………… 143

不正を見逃すと（その1） …………………… 144

不正を見逃すと（その2） …………………… 144

スピード違反，脱税，粉飾，不正 …………… 145

「不正はわが身から騙す」 …………………… 146

日本人のハーフ・ツルース …………………… 147

不正予防の基本的な考え方 …………………… 148

　「総論」──「うちの会社には関係ない」話ですが …… 148

　従業員は「流動資産」か「流動負債」か …… 149

　隙を見せない。その気にさせない。思いとどまらせる。 149

　仕事にローテーションを ……………………… 151

　年に一度は長期休暇を ………………………… 151

　クリアデスク …………………………………… 152

　職場のレイアウト──壁を作らない ………… 152

5

書類はバラバラに，あっちこっちに分散する …………… 153

領収書は壁に貼って公開する ……………… 154

適時記帳が不正を予防する ……………… 154

見 え 消 し ……………………… 155

不正は1人ではできない ……………………… 156

不正は期末に集中する ……………………… 156

不正予防のダブルチェック ……………………… 158

人に優しいシステム ……………………… 159

人に優しくない「1人残業」「土日出勤」 …… 159

「複眼思考の会計学」 ……………………… 161

複式簿記にビルトインされている「複眼思考」……… 161

棚卸計算法では不正を発見できない …… 164

「借方」係と「貸方」係を別々に ……………… 165

「経営にサイバネティックスを」 ……………… 166

フェール・セーフ ……………………… 167

不正が集中するのは「現金」と「在庫」 …………… 169

現金に絡む不正 ……………………… 169

「現金」は「厳禁！」 ……………………… 169

やむを得ず「現金」の場合 ……………………… 170

セルフレジの導入 ……………………… 171

「見せ金」 ……………………… 171

「預け金」「架空発注」 ……………………… 172

売上げの不正による着服 ……………………… 173

粉飾は1人ではできない ……………………… 173

費用の水増し・架空費用の計上 ……………… 174

裏金が次の犯罪を引き起こす ……………… 175

商品券・新幹線チケット・航空券 ……………… 176

金券ショップでお金を作る ……………… 176

目　次

通勤費の不正 ………………………………………… 177

大悪事も最初は小事から ………………… 178

領収書の偽造 ……………………………………… 178

　　社名の読めない会社印 ………………… 179

私文書偽造・3か月以上5年以下の懲役 ………… 180

見破るカギは消費税8％ ………………………… 181

タクシー代の水増し請求 ………………………… 181

　　タクシー代のシミュレーション ………… 182

領収書と押印 …………………………………… 183

領収書の不正を見破る方法
　　──手書きの領収書は怪しい ………… 183

　　「但し書き」からバレる ………………… 184

　　金額からバレる ……………………… 185

　　社名・店名からバレる ………………… 185

　　文字・数字の不揃いからバレる ……… 186

　　日付からバレる ……………………… 186

領収書を「裏から見る」 ………………………… 186

架空取引・在庫の持ち出し ……………… 187

在庫は粉飾・不正の温床 ………………… 189

在庫の持ち出し ………………………………… 190

在庫の不正を予防する
　　──何が持ち出されているか ………… 191

在庫管理は新入社員にお任せ！ ……………… 192

　　新人は一生懸命 ………………………… 194

日本企業にビルトインされている内部統制 ……… 194

終わりに ………………………………………… 195

7

第1章
わが社の健康診断
——「危ない会社」にならないための布石

本章では，会社の健康診断のための経営分析を学びます。

調子のいい会社も最近ちょっと調子が悪いという会社も，定期的に「わが社の健康度」をチェックすることが大事です。

経営分析の方法を1度学習すると2〜3時間で「わが社の健康度」を測ることができます。分析の結果，問題を見つけたら第2章で紹介するPDCAという方法を使うことで，全社員が参加して問題解決にあたることができ，会社の経営に目標と一体感が芽生えるでしょう。

わが身の健康診断

　ふだんは健康に自信がある人でも，友人や同僚といった身近な人が健康を損なったり入院したりでもしますと，急に，自分の身体のことが心配になるものです。ましてふだんから体調が思わしくなかったり病気がちだったりしますと，ちょっとした身体の異変でも心配になるものです。たとえば，体重が減ったり，食欲が減退したり，胃が重く感じられたり，微熱を感じたりしただけでも，大きな病気の前兆ではないかと不安になります。

　会社も同じです。同業の，ほぼ同じ規模の会社が何の前触れもなく倒産でもすれば，自分の会社も同じ病魔が巣食っているのではないかと考えますし，売上げが落ち込んだり，資金のやりくりが苦しくなってきますと，会社の将来に不安を感じたりします。

　私たちは，定期的に健康診断を受けたり，人間ドックに入って，自分の身体の健康度を調べたり，病気の有無を早期に知ったりすることができます。体調が悪かったり，自覚症状があれば医者に診てもらい，悪いところがあれば処方箋を書いてもらって薬を用いたり，手術をしてもらったり，健康を取り戻そうとします。

経営分析は会社の健康診断

　経営分析というのは，会社の健康診断であり，何らかの異常を発見したならば，その原因を究明し，処方箋を書くことも含まれます。

　もう少し専門的な言い方をしますと，経営分析とは，会社の会計データなど

2

第1章　わが社の健康診断

を分析・比較して，経営成績や財務状態の適否・良否を判断し，かつその原因
を明らかにし，改善策・対策を立案するための技法をいいます。

　経営分析において用いるデータのほとんどは，**会計的データ**です。そのため
に，経営分析のことを**財務諸表分析**ということもあります。また，会計データ
のことを**財務データ**とも呼ぶことから，経営分析に代えて**財務分析**ということ
もあります。

問題を発見し，解決策を考える

　「最近，売上げが落ち込んできた」とか「資金繰りが思わしくない」とか
「利益率が業界平均を下回った」とか，「しょっちゅう品切れを起こしてい
る」とか，経営上の問題がはっきりわかっていることもあります。そんなとき
は，どうしたらよいでしょうか。

　経営分析は，

① 　何が問題なのか
　　　↓
② 　何が原因なのか
　　　↓
③ 　どうやって問題を解決するか
　　　↓
④ 　問題は解決したか
　　　↓
⑤ 　新しい問題は発生したか

3

という順番で**問題発見と問題解決**を図るものです。⑤で、**新しい問題が発生す**ればば、⑤から再び、→①何が問題なのか→、②何が原因なのか、というように問題解決のサイクルに戻ります。

何が問題か

　問題を発見する技法は、多くの場合、一般化できます。たとえば、売上高の推移を月次でデータを取れば、昨年と比べて増加傾向にあるか減少傾向にあるかがわかります。利益率が上昇したかどうかを調べるには、**資本利益率とか売上高利益率**といった比率を計算すればわかります。問題を見つける方法としては、どこの会社でも使える技法がいろいろ開発されているのです。

　ところが、そうして**発見された問題をどうやって解決するか**は、どの会社でも当てはまる技法というものがありません。たとえば、売上げが落ちてきたというお米屋さんがあったとします。そのお米屋さんの売上げがなぜ落ち込んできたのかを具体的に調べてみませんと、適切な解決策が立てられないのです。

原因は何か

　お米屋さんの近くにスーパーができて、スーパーのほうが安く米を売っているということもあるでしょう。別の米屋さんが御用聞き（一軒ごとに注文をとりにくる）に回っているといったこともあります。あるいは、自分の店には「無洗米」を置いてないことが原因かもしれません。もしかしたら、店に駐車場がないことが原因かもしれません。店の雰囲気が暗いとか、店番をしている店員が横柄だとか、重い米を駐車場まで運ぶのを店員が手伝ってくれないとか、いろいろな原因が積み重なっているのかもしれません。

売上げが落ちたということはわかっても，その原因が非常に多岐にわたるために，解決策は，その店その店で違うのです。駐車場を増設すれば解決することもあります。店の模様替えで客が増えることもあるでしょう。立地を変えないと売上げの減少を止められないこともあります。

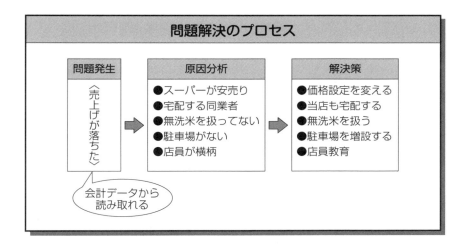

解決策を考える

しばしば，問題が発生した「原因」を調べないで解決策を考えることがあります。「売上げが落ちた」→「それじゃ，特売をやろう」とか，「人件費がかさむようになってきた」→「それでは，パートやアルバイトの人数を減らそう」……といった対応です。

売上げが落ちた原因が，上の例のように「無洗米」「御用聞き」「駐車場」にあるのでしたら，特売をやっても効果は期待できません。人件費が重荷になってきた原因が，総務や経理の「機械化の遅れ」にあるのであれば，パートやア

ルバイトを削ったり時間給を下げたりしても解決しません。

　なにが問題かがわかったら，まずは，その**原因を探す**ことです。そのうえで，**原因別の解決策を検討する**のです。解決策を考えるときは，できるだけたくさんの人が参加したほうがいいアイデアが出てきます。社長さん1人があれこれ悩むよりは，「会社の問題」として，正社員もパートやアルバイトの方も，一緒に考えるといいですね。

　「三人寄れば文殊の知恵」といいます。社員やパートの皆さんが100人いれば，「文殊が33人」いることになるのです。「岡目八目」ともいいます。次のことに気を取られている経営者には見えないけれど，**横で見ている人には，次の一手どころか八手先まで見える**こともあるのです。社長さん，社員のチエを借りようじゃありませんか。**チエを借りても，給料の内です。**

　本章は，どちらかといえば，**問題を発見するための技法を紹介する**ものです。問題の解決についても一応は述べていますが，具体的な解決策を紹介するレベルまでにはいたっていません。本章の分析で問題を発見しましたら，第2章で紹介する**「PDCA」という手法を使って具体的な解決策を考える**ことにしましょう。

第1章 わが社の健康診断

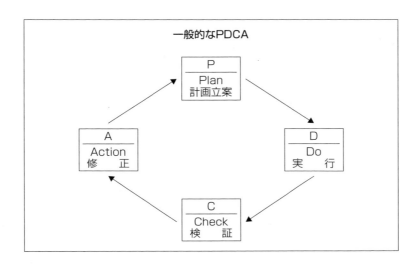

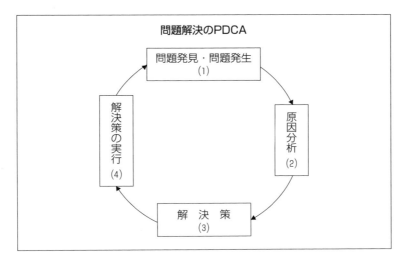

　以下，会社の経営分析が役に立つと思われるシーンごとに，どのように役立てられるかを簡単に紹介しましょう。

経営者は自分の会社のことがわからない

　個人が経営する企業の場合でも，上場しているような大規模の企業の場合でも，自分が経営している企業がどうなっているのかをよく知らない人が多いものです。

　個人企業の場合は，経理のことは会計士や税理士に任せきりにしていることも少なくありません。また，大企業の場合は，規模が大きすぎてわが身のことがよく把握できないことが多いようです。

　しかし，会社の会計データを少し気をつけて見ていますと，**わが社の現状**も，**最近の動向**も，さらには**問題点**まで見通せます。たとえば，毎月の**電力量（電気代）**が減ってきたら，**工場の稼働率**が落ちてきた証拠です。売上げが増加しているからといって喜んでばかりはいられません。**売上げの増加以上に売掛金が増えている**ようですと，いずれ，資金が足りなくなってきます。

　自分の会社のことですから，他人に任せきりにせず，会計データを集めて，自分で分析してみることをお勧めします。

　本章では，「わが社の健康診断」として，自社の健康度を測る技法を紹介します。

ベンチャー・ビジネスを起こすために知っておく

　最近では，若い人たちが自分の会社を作るようになりました。私が教えている大学生にも，会社を作って「学生社長」になった人が何人もいます。

第1章 わが社の健康診断

　ベンチャー・ビジネス（和製英語ですが）というのは，創造力や開発力が
あっても商品開発や技術開発のための資金が足りない場合に，それを事業化す
るために創設される小規模の企業のことです。ベンチャー（冒険・やま）の名
がつくように，事業として当たれば大きな見返りを期待できますが，失敗する
確率も高いものです。

　ベンチャーが失敗するケースを見てみますと，**事業計画**そのものがずさんで
あったり，**商品開発**に失敗したり，原因はいろいろですが，**資金計画，販売計
画，利益計画**といった経営の基本を忘れたケースもよくあります。

　ベンチャーを起こそうとする人は，まず，しっかりとした**資金計画**を立て，
損益分岐点を計算し，事業の途中でも，ひんぱんに自社の健康診断をして，事
業を軌道に乗せる必要があります。ここでも，**経営分析の技法**は，大いに役に
立つでしょう。

取引に入る前に，取引先のことを知っておく

　これまで取引関係のなかった企業と，初めて取引に入るときは慎重を要しま
す。特に，初めての取引先と多額の信用取引（後払いの取引）を行うときは，
できるだけ取引相手のことを調査しておきたいものです。

　知り合いの企業と長い取引関係があるとか，地元で長年にわたって事業を営
んでいるような企業であれば，めったなことはないでしょうが，あまりよく知
らない企業から，有利な条件で話を持ち込まれたり，大きな商談が入ったりし
たときは，十分に相手企業のことを調べてからにしないと，大けがをすること
もあります。

9

自分で調べている時間がないとか，調べてもよくわからない場合には，信用調査のプロの手を借りることも必要です。わが国では，次の2社が企業信用調査会社として全国展開しています。

①　帝国データバンク（TDB）
②　東京商工リサーチ（TSR）

　この2社で，信用調査業界の9割のシェアを占めていると言われています。

　このほかに，特定の地域を中心として営業しているところとして，次のような会社があります。

③　株式会社信用交換所（関西）
④　東京経済株式会社（大阪）
⑤　株式会社データマックス（九州）

　海外の企業については，次が90か国以上で信用情報や分析ツールを提供しています。

⑥　三井物産系のクレジットコンサルティング社の「CONOCER」
⑦　イギリスのエクスペリアン（Experian）社

　気になることがあったら，まずは，各社のホームページをのぞいてみるといいですね。

ちょっと気になる「うちの会社」と「となりの会社」

　「うちの会社」は儲かっているのでしょうか。
　「となりの会社」は景気が良さそうですが，うちと比べて，どうなんでしょうか。

10

第1章　わが社の健康診断

　最近，うちの会社の製品が売れていないようだけど，大丈夫だろうか。うちの会社の給料は，いいほうなのだろうか，それとも低いほうなのだろうか。うちの会社は，最近，子会社を作ったけれど，子会社はどれくらい儲けているのだろうか。

　会社のデータを分析すれば，こうした疑問に対して簡単に答えを出せます。いつも疑問に思っていることを，一度，会計データを分析して解決してみませんか。

経理課をのぞいてみよう

　すでに会社に勤めている人なら，経理部とか会計課をのぞいたことがあると思います。経理部には，「**仕訳帳**」とか「**得意先元帳**」とか「**商品有高帳**」といった帳簿類や「**入金伝票**」とか「**出金伝票**」といった伝票類はありましたか。そんな帳簿や伝票は見たことがないという人も多いと思います。

　その代わりに，経理部で見るのは，たくさんのデスクトップのコンピュータとプリンターではないでしょうか。そうです，最近の経理は，手書きで帳簿をつけたり伝票を作成したりする代わりに，そうした作業のほとんどをコンピュータを使った**会計ソフト**によって処理するようになりました。

　経理事務が機械化されるようになりますと，**ペーパーレス**といって，これまで紙（帳簿や伝票）のうえに残してきた記録を，**コンピュータの記憶装置に保存**するようになります。また，これまでは1つの取引を会計処理するのに，何か所もの帳簿や伝票に取引の内容と金額，日付などを転記しなければなりませんでしたが，そうした作業は不要になりました。計算や転記のミスも生じません。

11

経理課というと一日中，そろばんや電卓で計算ばかりしているところみたい
に思われますが，そうではありません。経理課に配属されると，これまでは，
そろばんができないとか，計算が遅いとか，白い目で見られることもあったで
しょうが，そんなことはいまでは問題ではなくなりました。計算はすべてコン
ピュータがやってくれます。「合計が1円合わないために残業」，なんてことは
昔の話です。

　これは大企業だけの話ではありません。いまや，中小規模の会社や商店でも，
経理は機械化されています。店には大型のコンピュータなどはなくても，店に
ある端末機が電話回線で公認会計士や税理士の事務所にあるコンピュータとつ
ながっていますから，いつでもコンピュータを利用できます。

経理部にはどんなデータが集まるか

　経理部とか会計課というところは，基本的には，会社のお金を扱う部門です。
仕入先に商品の代金を支払ったり，得意先（お得意さん）から売上代金を回収
したり，出張する社員に旅費や滞在費を支払ったりその精算をしたり，銀行か
らお金を借りたり，社員の給料の計算をしたり，**お金を出し入れすることはす
べて経理部とか会計課で扱います。**

情報の種類	経理部の扱い
商品の仕入れ情報	仕入高
製品の製造情報	製品
売上げの情報	売上高
従業員の勤務に関する情報	給料
電力料金の請求書と領収書	電力料
交通費の請求書と領収書	交通費
工場の建設計画	建物

経理部に集まる情報

　お金でなくても，**会社の財産**に関することなら，やはり経理部門の仕事です。新しい工場を建てたとします。工場には，機械や工具を入れ，電気や水を通し，工員や守衛を雇い入れ，原材料を調達し，製品を運搬するための車両や保管用の倉庫も必要になります。

　工場を建設しこれを稼動するのは，一見して，お金と関係ないようにも見えますが，実は，工場を建てるのにも，機械や車両を用意するにも，工員を雇うのにも，けっきょくはお金が必要です。

　支店を開くことにしたとしましょう。**土地・建物を購入**するか，それとも**リース**でまかなうか，それによって資金繰りに重大な影響を持ちますし，損益計算の結果にも大きな相違が出ます。**土地・建物を自社で保有**するとすれば多額の現金を用意しなければなりませんが，いったん購入すれば，それを担保として資金を借りることもできるようになります。

13

土地・建物をリースで借りるとすれば，当面の資金は少なくて済みますが，借りている間は毎月毎年，リース料を支払わなければなりません。**どちらが有利かを計算するのも会計課の仕事**です。

会社が動けばお金が動く

会社の活動は，どのような活動でも，必ずお金が動きます。商品を仕入れて販売しようとすれば，商品の仕入代金，店舗の使用料，店員の給料などがかかります。商品が売れればその代金が入ってきます。仕入先に電話を掛ければ電話代，仕入れのために問屋に出向けば交通費，商品を包装すれば包装紙代，お得意先に届ければ運送費，店の電気代・水道代・広告費……。**会社の活動はどんなものでも必ずお金が動く**のです。

仕入れがわかれば会社の売上げがわかる

会社が何か活動をすればお金が動くということは，逆に，**お金の動きを注意して見ていれば会社の動き（活動）が見える**ということにもなります。

ラーメン屋さんを経営しているとしましょう。生の麺１個の仕入れ値が100円で，これにシナチクやモヤシなどを加えて300円で販売するとします。今日は，全部で500個仕入れたので麺の代金を50,000円支払ったとします。売れ残りがないとすれば，この店の売上高は，レジスターの売上高を計算するまでもなく，「麺の仕入代金」からわかるのです。

仕入代金は50,000円でした。１個100円でしたから，仕入れたのは500個だということがわかります。500個を，１個300円で売ったのですから，売上高は

第1章　わが社の健康診断

150,000円になります。レジスターの現金から麺の代金50,000円を支払ったとしますと，今日の現金が100,000円増えているはずです。

工場の電気代は工場の活動量と正比例

絶え間なく原料を仕入れているとすると，経理課で支払う代金も少しずつ増えていきますから，本社にいても，工場の動きが手に取るようにわかります。工場の電気代は工場の活動量と正比例しますから，電気代が増えると工場の生産活動が盛んであることがわかりますし，電気代が少なくなると，工場の仕事が減ってきたことがわかります。

理容院や美容院の売上げは，シャンプーなどの消耗品に正比例します。ですから，お店のシャンプーや整髪料の仕入れ高がわかれば，売上げもわかるのです。病院の収入（医療収入）は，治療や手術に使う薬品や注射針などの注文量に正比例します。

ビールの空き瓶は物語る

バーやスナックの売上げはビールやウイスキーの消費と正比例しますから，店の裏口に積まれた空き瓶を数えると，その日一日の売上げがわかると言われています。

お金の動きやお金に連動したもの（シャンプーや空き瓶）を見るだけで，会社の動きが手に取るようにわかるのです。

本当かどうか知りませんが，税務署ではお店の税務申告などが正しく行われ

15

ているかどうかを内密に調べるときに，店が終わった後に「空き瓶数え」をするという話を聞いたことがあります。本当だとすれば，「ご苦労さま」です。

アイスクリーム屋のコーンが減ると

　外部から会社の動き（活動）を知るには，その会社のお金の動きを見るというわけにはいきません。ラーメン屋さんの売上げを知りたくても，「麺の仕入代金」を聞くわけにもいきません。しかし，一日の終わりにラーメン屋さんが捨てるゴミのなかに，どれくらいの箸（はし）が入っているかを見れば，おおよその売上げがわかります。

　アイスクリーム屋さんでしたら，コーンの減り具合で売上げがわかります。喫茶店でしたら，コーヒー豆の仕入れ量から売上高がわかります。

　お金は，モノ（企業の活動）といっしょに動くということです。経理部とか会計課では，そうしたお金の動きや財産の変動を記録して，半年とか１年ごとにデータを分類・集計します。こうした定期的に会計データを分類したり集計することを「決算」といいます。この作業によって，**会社の財産の状態（財政状態）と利益の大きさ（経営成績）**を確かめるのです。

では，もう少し具体的に

　本章は，「定期的に」「わが社の健康診断」をするための技法を紹介するものです。副題に「『危ない会社』にならないための布石」と書いてあります。では，「危ない会社」って，どんな会社でしょうか。具体的な指標は，後で紹介しますが，「危ない会社」というのは，**「事業を継続する力のない会社」**のこと

第1章　わが社の健康診断

です。

事業を続けていくだけの力がない会社というのは，具体的には，

(1)　業績が悪化して，倒産の危険がある
(2)　資金繰りが悪化して，銀行から借りないとやっていけない
(3)　経営を継ぐ人材がいない
(4)　巨額の訴訟に巻き込まれていて，敗訴する可能性が高い
(5)　経営環境の変化によって売上げが激減している

など，いろいろな状況があります。

　こうした具体的な兆候があれば，喫緊に対策を講じなければなりませんが，多くの場合，**何となく経営がうまく行っているが，かといって何も不安がないわけではない**，といった状況の中で経営が続けられているのではないでしょうか。

　この状況は，私たちの健康状態と同じです。毎日元気に過ごしているので，いちおうは健康上の問題はないと思っているが，しかしまったく不安がないわけではない。こんなとき，私たちは人間ドックに入ったり健康診断を受けたりします。

　健康診断の結果，何もなければ一安心ですが，血圧が高いとか，γGTPが高いといった診断が出れば，薬を服用したり食生活を見直したりすることと思います。会社も，定期的に，こうした健康診断をしておくと安心ですね。

　自社の分析の目的は，第1に，事業を続けていけるようにすることです。事業を続けることができれば，社員の皆さんもその家族も，経営者とその家族も

17

幸せに暮らすことができます。さらに，わが社のお客様，取引先の皆さんとも
幸せを分かち合うことができます。

　最初に，会計データから「わが社の健康度」を測る方法を紹介しましょう。
企業の経営者なら，わが社の会計データは，いつも目にしているはずです。経
理課から回ってくる毎日，毎週の会計データもありますし，顧問をお願いして
いる税理士事務所からの月次のデータもあります。

　では，その会計データのどこをみたらいいのでしょうか。

わが身の健康診断

　私たちは，定期的に「人間ドック」に入ったり職場の健康診断を受けたりす
ることによって，わが身の健康度を確かめたり病気の予兆がないかどうかを調
べてもらいます。自分では，健康に自信があったり，体調も万全と思っていて
も，微熱が続いていたり，体重が減ってきたりといったときにも，何かの病気
の予兆ではないかと心配になります。

　会社も，生身の人間と同じです。健康なときもあれば，不健康なときもあり
ます。人間と同じで，不健康や病気にかかっていることにまったく気がつかな
いこともあります。

わが社の健康診断

　会社を経営していますと，順風満帆というときもあれば，心配事や不安で夜
も眠れないときもあります。同業の，似たような規模の会社が何の前触れもな

18

く倒産でもしますと，自分の会社にも同じ病魔が巣くっているのではないかと考えますし，売上げが落ち込んだり，資金繰りが苦しくなっているときには，自分の会社の将来に不安を感じたりするものです。

戦国時代の武士の言葉に，「敵を知り己を知らば，百戦危うからず」というのがあります。現代流に言いますと，「敵」とは「競争相手」「業界」「お客様」で，「己」とは自分の会社のことです。商売敵やお客様のことをよく知り，かつ，自分のことを正しく理解しているならば，「百戦危うからず」，つまり，「百回戦っても，負けることはない」のです。己を正しく知るということは，戦においても経営においても非常に大事なことなのです。

問題の所在がはっきりしている場合には，問題の原因を分析し，対策・解決策を考え，それを１つずつ実行するというPDCAの技法を使って解決に向かうことができます（PDCAについては，第２章でくわしく紹介します）。

「その取引先，大丈夫ですか？」

わが社が順調であっても，取引先の中に経営が行き詰まっている会社があれば，そこが倒産でもすればわが社への影響は甚大です。わが社の主要な取引先が倒産したりすれば，「連鎖倒産」といった最悪の事態にもなりかねません。

「わが社の健康診断」では，主に，「収益性」（企業の稼ぐ力）を見ることに重点が置かれますが，取引先の健康診断では，主として，「財務安全性」つまり，借金の返済能力を見ることに重点が置かれます。本書では，主に，わが社の健康診断を紹介しますが，後の方では，財務安全性（借金の返済能力）の判定について詳しく紹介しますので，取引先の安全度を調べる参考にしてください。

「わが社の健康診断」の重点	「取引先の健康診断」の重点
収益性（企業の稼ぐ力）	財務安全性・支払能力
中長期的分析 損益計算書分析が中心	短期的分析 貸借対照表分析が中心

　それでは，わが社の健康診断から，具体的に何がわかるかをお話しましょう。表現を換えますと，わが社が抱える問題がはっきりしている場合にどこを分析すればよいかがわかります。

　わが社の分析では，主に，次のようなことがわかります。

(1)　わが社の「事業継続の能力」
(2)　従業員を養う能力
(3)　収益性・成長性・財務安全性
(4)　設備の有効活用度
(5)　資本の有効活用度
(6)　選択と集中のための損益分岐点
(7)　わが社の社会貢献度（付加価値）
(8)　資金の余裕度，資金の源泉と使途
(9)　発生した問題の解決法（PDCA）

　それでは，**損益計算書の構造**を紹介しながら，どこを見れば**「事業継続の能力」**や**「従業員を養う能力」**がわかるかを説明しましょう。

　最初に，損益計算書の全体像を紹介します。**損益計算書は「ある期間における企業の活動量」**を，収益と費用という数字に変えて示したものです。半年間

第1章　わが社の健康診断

とか1年間に，どれだけの収益獲得活動を行ったか，その収益を上げるために
どれだけの投資活動（商品を仕入れたり，販売活動を行ったり，さまざまなコ
ストを使います）を行ったかを，一覧表にしたものです。

損益計算書

営業損益計算	Ⅰ	売上高		100
	Ⅱ	売上原価		
		1　商品期首棚卸高	10	
		2　当期商品仕入高	54	
		3　商品期末棚卸高	12	52
		売上総利益		48
	Ⅲ	販売費及び一般管理費		
		販売手数料	4	
		広告宣伝費	13	
		給料・手当	10	
		減価償却費	6	33
		営業利益		15
経常損益計算	Ⅳ	営業外収益		
		受取利息及び割引料	1	
		受取配当金	15	16
	Ⅴ	営業外費用		
		支払利息	1	
		有価証券評価損	1	2
		経常利益		29
純損益計算	Ⅵ	特別利益		
		固定資産売却益		13
	Ⅶ	特別損失		
		為替損失		2
		税引前当期純利益		40
		法人税等		16
		当期純利益		24

ここまでが当期業績主義の損益計算書

全体として包括主義の損益計算書

第1章　わが社の健康診断

　損益計算書は，少し複雑な構造をしています。最初に，上のほうから順に見てみましょう。

　損益計算書の最上部は，次のようになっています。

損益計算書の構造(1)

損益計算書

売上高	100
売上原価	（－）52
売上総利益	48　←　粗利

※　粗利から給料などの事業費を支払う
※　粗利が十分あれば，ちゃんと給料を払うことができる

　数字（ここでは52）の下にアンダーラインが引いてありますが，これは，次に計算の結果（ここでは48）を示す，という意味です。また，損益計算書には，＋，－の記号をつけないことになっていますが，それでは不親切なので，ここでは必要に応じて（＋）（－）の記号をつけています。

　損益計算書を見てください。この部分は，算式にしますと，

売上高100 － 売上原価52 ＝ 売上総利益48

となります。

23

算式の読み方ですが、「当期の売上高が100で、販売した商品の原価が52、商品を販売して得た粗利益（商品販売益）が48」と読んでもいいですが、経営者の方は「52円で仕入れた商品を100円で販売したので、粗利が48円だった」と読むのではないでしょうか。

『粗利（売上総利益）』が少ないと給料を払えない

「粗利」は「粗利益」ともいい、「売上総利益」として表示されます。損益計算書の最上部に、まず、売上高が表示され、これから商品の仕入れ原価である「売上原価」が差し引かれ、その差額が売上総利益です。初級の簿記では、「商品売買益」「商品販売益」と呼ぶものです。

「あら」というのは、「総」という意味で、これから何か差し引かれるものがある、ということを表しています。具体的には、粗利益・売上総利益からは、「販売費及び一般管理費」が差し引かれて、営業活動の「純」利益である「営業利益」（その意味では、「営業純利益」）が計算・表示されます。

経営者は、この粗利益を非常に重視するといわれています。また、経営者は、粗利益がどれくらいかは肌で感じるといいます。つまり、経営者は粗利をいちいち計算しなくても、日々の営業から当期の粗利がどれくらいかはわかるというのです。

粗利から従業員の給料を払う

なぜ、経営者が粗利を重視するのでしょうか。それは、粗利が十分にないと、従業員にちゃんと給料を支払うことができないからです。上に書いたように、

第1章　わが社の健康診断

粗利から差し引かれるのが，「販売費及び一般管理費」です。この費目のうち，最も金額が大きいのは人件費，つまり従業員への給与です。粗利が薄い（粗利の場合，売上高に対する比率が小さいことを「薄い」という）と，経営者によっては，当期の利益を確保するために人件費を削りかねない。リストラ，給与の引下げ，いったん解雇して給与を下げて再雇用，非正規社員の採用……ありとあらゆる手があります。でも，そうしたことは，できるなら避けたいですね。日本の経営者，特に中小企業の経営者は，利益を稼ぐことよりも，従業員の生活を護ることを大事にしてきました（何事にも例外はつきものですが）。

　この粗利が十分にあれば，人件費などの事業費の支払いに困ることがありません。逆に言いますと，粗利が少ないと給料やボーナスなどの人件費の支払いに支障が出かねません。ここ数年の粗利の変化と従業員数の変化（あるいは人件費総額の変化）に注目してみてください。粗利が十分にある会社は，正規従業員を減らしたり人件費を削ったりしていないはずです。

営業利益＝本業の稼ぎ

　売上総利益から給料などの人件費や営業上の費用を引くと，「営業利益」が計算されます。

25

損益計算書の構造(2)

損益計算書		
売上高	100	
売上原価	（−）52	
売上総利益	48	← 粗利（あらり）
販売費及び一般管理費	（−）33	
営業利益	15	← 本業の稼ぎ

※　売上高100−（売上原価52＋販売費及び一般管理費33）＝営業利益15

※　営業利益は事業継続の力

※　営業利益が連続してマイナスになれば，事業の縮小か継続に支障

「営業利益」は，本業の稼ぎ高です。言い換えれば，「経営者の経営能力」を数字化したものです。ここには，本業以外の活動や経営者がコントロールできない事象からの損益は入っていません。たとえば，土地や有価証券を売買したときの損益，為替の損益，火災や地震などによる損失などです。これらは，営業利益を計算表示した後ろに出てきます。

事業の継続能力は「営業利益」で見る

「営業利益」が十分にあれば，会社は安全に事業を継続することができます。さらに，その利益の一部を貯めておいて（「内部留保」と言います），新しい支店の開設に使うとか，新製品の開発に使うこともできます。逆に，少ないと，営業活動に余裕がなくなり，新しいことにチャレンジすることもできなくなります。

第1章　わが社の健康診断

内部留保は健全企業の証

　「内部留保」というと，いかにもお金を銀行などに貯めることと思われますが，そうではありません。会社の利益は，税金の支払いや株主への配当に回されますが，具体的には，納税や配当をすると会社の資産（たとえば現金）が出て行きます。それだけ会社の資産が減少します。「内部留保」というのは，利益を社外に分配しないので，**会社の資産も社内に残る**ことをいうのです。

　社内に残された資産は，その後，経営に再投資（活用）されますから，必ずしも「現金」や「預金」という形で取っておかれるわけではないのです。

　「営業利益がマイナス」になりますと，運転資金をうまく回せなくなり，場合によっては事業を縮小（支店の廃止，人員の整理など）したり，最悪の場合，事業を続けることができなくなります。

　その次は営業利益に，主たる営業以外の収益と費用（**営業外損益**といいます）を加減して，**「経常利益」**を計算します。

27

損益計算書の構造(3)

損益計算書		
売上高	100	
売上原価	(−) 52	
売上総利益	48	← 粗利
販売費及び一般管理費	(−) 33	
営業利益	15	← 本業の稼ぎ
営業外収益	(+) 16	
営業外費用	(−) 2	
経常利益	29	← ケイツネ，今年の平常な利益

※ 「ケイツネ」は，「経常利益」の「経常」を重箱読みしたもの

※ 「営業外」とは，主に財務活動（本業以外への投資の損益，資金調達の費用など）

※ 経常利益29＝本業の稼ぎ15士財務の損益14

今年の稼ぎは「経常利益」で見る

　「経常利益」は，本業の成果（営業利益）に，本業以外の損益である「営業外損益」を加減して求めます。営業外の活動とは，たとえば，余裕資金を株に投資したり，不足の資金を銀行から借りたり，主に財務活動を指します。

　ここまでで，企業の主たる事業（本業）と従たる事業（資金調達や資金運用

第1章　わが社の健康診断

など）を合わせた総合的な業績が計算・表示されます。経営者が，企業のすべての資産を活用して，この1年間でどれだけの成果を上げたかを示しています。

臨時・異常な損益の扱い

　以上は，これまでの「1年間」に限って計算した損益です。実は，企業活動が永続的に営まれていながらも，決算は人為的に1年間で区切って行われるために，次のような事態が生じます。

(1)　過去の利益や損失が，今年になって判明した（固定資産売却益など）

(2)　企業活動とはいえない事象から損失や利益が生まれた（火災損失など）

(3)　過去の決算で計算間違いがあったことが判明した（減価償却における耐用年数を間違えたなど）

(4)　臨時で異常な損益が発生した（急激な為替変動による損益など）

　こうした損益項目は，「今年の損益」とはいえないことから，損益計算書の末尾（経常利益の後ろ）に「特別利益」「特別損失」として，次のように表示します。

29

損益計算書の構造⑷

損益計算書		
・		
・		
経常利益	29	← ケイツネ
特別利益	（＋）13	
特別損失	（－）2	
税引前当期純利益	40	← これをベースに法人税を計算
法人税等	（－）16	
当期純利益	24	→ 株主への配当へ（残りは内部留保）

※ 「税引前当期純利益」を元に「課税所得」と「法人税」を計算する

※ 税引き後の当期純利益は，「当期純利益」として表示する

※ 当期純利益から株主への配当が支払われる

※ 当期純利益のうち，株主に配当されない部分は「内部留保」（自己資本の増加）される

以上を要約すると，損益計算書には次の４つの利益が表示されます。

第1章 わが社の健康診断

売上総利益	営業利益	経常利益	当期純利益
商品の仕入・販売による粗利益	本業の稼ぎ	今年の正常な利益	すべての支払いを終えて株主に配当できる利益
従業員に給料を払え得るかがわかる	事業を継続する力がわかる	総合的な経営能力がわかる	株主（事業主）にとっての投資価値がわかる

　以上で，従業員への給料をちゃんと払えるかどうかは，「売上総利益」で見ることと，事業継続の力は，「営業利益」で見ることを説明しました。

　比較の材料は，「前年度の金額」「同業他社の金額」「業界平均の金額」などです。前年よりも減っていれば，給料の支払い能力や事業の継続能力が落ちていることを示し，増えていれば，安心できます。

売上げの質を見る

　ところで，同じ商品（製品）を販売しても，いくらで仕入れて，いくらで売れたかによって，質のいい売上げとそうでない売上げがあります。たとえば，仕入れ値が80円の商品を100円で販売するのと120円で販売するのとでは，利幅（粗利益）が倍も違います。

　売上げの中にどれだけの利益が含まれているかを示すのが，売上高総利益率です。

算式を見てみましょう。

$$売上高総利益率 = \frac{売上総利益}{売上高} \times 100（\%）$$

$$\begin{array}{l}原価80円の商品を100円で\\販売した場合の粗利益率\end{array} = \frac{20}{100} \times 100（\%）= 20\%$$

　80円の原価に10円とか20円という少ない利益を上乗せ（これを**マークアップ**といいます）して，100円で，たくさん売るのを，「**薄利多売**」といいます。薄利多売で行くのか，たくさん売れなくても，一個について40円の利益を上乗せして利幅の大きな商売をするかは，業種・業態によって変わります。

　商社や卸売り業などは，商品を仕入れて小売業者に取り次ぐのが仕事ですから，**付加価値**も小さく，**利幅**も小さくなります。しかし，取り扱う量が大きいので，大きな利益になります。レストランや高級ブティックなどは，お客さんの数は少ないのですが，**客単価**（お客さん1人当たりの売上げ）が大きく，利幅も大きいので，ビジネスになるのです。

現金売上げか掛売りか

　また，売上げの質は，**現金取引**か**掛売り**かによっても違います。資金の回収という面から見ますと，現金売りが一番安全です。資金繰りに失敗することもありません。しかし，お客さん（お得意さん）との付き合いを長く保ちたいなら，むしろ，掛売りのほうがいいともいえます。現金取引のお客さんは，いつ取引先を変えるかわからないからです。

第1章　わが社の健康診断

　同じ掛売りでも，代金を回収するのに長い期間がかかる場合は，質のいい売上げとはいえません。そこで，**掛けで販売した商品の代金を回収するのに何日かかっているか**を計算してみるといいでしょう。これを計算するには，最初に，**売上債権回転率**を計算します。**売上債権**は，売掛金と受取手形の合計です。

$$売上債権回転率（回）＝ \frac{売上高}{売掛金＋受取手形}$$

　回転「率」という名前がついていますが，計算されるのは，「1年間に売上債権が何回転したか」という**「回転数」**です。この回転数を使って，売上債権の回転期間を計算します。

$$売上債権回転期間（日）＝ \frac{365日}{売上債権回転率}$$

　これは，**売上債権が回収されるのに何日かかっているか**を計算するものです。回転数が12回ですと，1年間に12回転することになり，ほぼ1か月で回収されるという意味です。

　回転率（回数）が大きいとき，あるいは，回転期間が短いときは，売上げの質がいいといえます。この回数が減ってきたり，**回転期間が長くなってきますと，資金繰りに支障が出てきます**から，あまり質のいい売上げではないことがわかります。

33

資本の有効活用度を見る

　企業によって，使う資本の大きさとその種類が違います。大きな資本を使って営業しているところもあれば小さな資本で事業を行っている企業もあります。そのときの**資本の大きさ**は，貸借対照表でみます。

　その資本がどれだけの成果（利益）をもたらしているか，言葉を変えますと，経営者がどれだけ資本を有効に活用しているか，これを**資本収益性**と言います。では，これを読むにはどうしたらいいでしょうか。

資本利益率

　資本収益性は，次の算式で計算します。

$$資本利益率 = \frac{利益}{資本} \times 100(\%)$$

　この計算で，資本として何を使うか，また，利益として何を使うかによって，いろいろなことを調べることができます。最初に，最も代表的な資本利益率を紹介します。

$$総資本経常利益率 = \frac{経常利益}{総資本} \times 100(\%)$$

　経常利益については，上で紹介しました。「今年の，平常的な利益」のこと

第1章　わが社の健康診断

です。**経営者の実力を表した利益額**です。では，分母の総資本はどこに書いて
あるのでしょうか。

バランスシート

　貸借対照表をみてみましょう。貸借対照表のことを**バランスシート**とも言い
ます。B／S（ビーエス）と表記されます。

35

貸 借 対 照 表

（資産の部）		（負債の部）	
Ⅰ　流動資産		Ⅰ　流動負債	
当座資産		支払手形	16
現金・預金	28	買掛金	8
受取手形	1	短期借入金	11
売掛金	2	流動負債合計	35
有価証券	4	Ⅱ　固定負債	
計	35	社債	9
棚卸資産		長期借入金	2
商品・製品	23	退職給付引当金	2
仕掛品	5	固定負債合計	13
原料・材料	7	負債合計	48
計	35	（純資産の部）	
流動資産合計	70	Ⅰ　株主資本	
Ⅱ　固定資産		1　資本金	36
(1)　有形固定資産		2　資本剰余金	
機械・装置	12	(1)　資本準備金	7
土地	21	(2)　その他資本剰余金	1
建設仮勘定	8	自己株式処分差益	1
計	41	資本剰余金合計	9
(2)　無形固定資産		3　利益剰余金	
特許権	2	(1)　利益準備金	2
商標権	4	(2)　任意積立金	
計	6	中間配当積立金	2
(3)　投資その他の資産		別途積立金	31
投資有価証券	20	(3)　繰越利益剰余金	10
固定資産合計	67	利益剰余金合計	45
Ⅲ　繰延資産		株主資本合計	90
社債発行費	1	Ⅱ　評価・換算差額等	0
資産合計	138	負債・純資産合計	138

第1章　わが社の健康診断

　損益計算書は，ある期間の成果を計算・表示したものでした。たとえば1月1日から12月31日までの1年間における売上高や諸費用と利益です。それに対して，**貸借対照表**は，1月1日現在とか12月31日現在のように**ある時点における企業の資産と負債の状態を表示するもの**です（損益計算書は，ある「期間」の計算書でした）。

　そこで表示されるのは，資産，負債，資本です。一般に，次のように，左右に区別されて表示されます。ここで，**「借方」「貸方」**という用語が使われていますが，借方は「左側」，貸方は「右側」という意味で，借りるとか貸すという意味はありません。

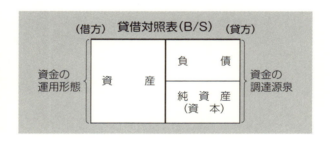

　貸借対照表の左側（借方）は，企業がどのような資産を持っているかを示したものです。**「資金の運用状況」**といいます。右側（貸方）は，「誰が，いくらの資金を出しているか」を，「負債」と「純資産（資本）」として表しています。「負債」なら，銀行や生命保険会社が企業に貸している金額ですし，「純資産（資本）」なら，企業の所有者（オーナー，株式会社なら株主）が出した金額です。つまり，貸借対照表の右側（貸方）は，**「資金の源泉」「資金の出所」**を表すと言われています。

　貸借対照表は，損益計算書に比べるとシンプルです。何と何を足したり引いたりするという計算はほとんどありません。**財産の有り高とその源泉を表にし**

37

たものですから，いろいろな計算が終わった状態が数字で出てくるのです。

　もう少し詳しい貸借対照表を見てみましょう。

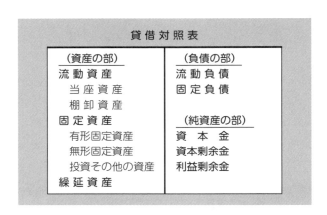

　よく見てみますと，左側（資産の部とか借方とも言います）も右側（負債・純資産の部とか貸方とも言います）も，いくつかに細分されています。これらの区分は，**資金の流動性**を見るうえで非常に重要です（詳しいことは後で説明します）。

支払能力，返済能力，借入余力を判定する

　「わが社の健康診断」をする場合には，最初に貸借対照表の上部を見ます。ここを見ますと，**「わが社の資金力」「資金的余力」**を数字で見ることができます。この数字が「合格」であれば，銀行や生命保険会社から設備投資資金などを借り入れようとするときにもいい評価が得られるようです。

第1章　わが社の健康診断

　「流動資産」というのは，「１年以内に現金に換えることができるもの」を言います。たとえば，商品，原材料，売掛金，貸付金，有価証券やすでに現金になっているものも含めます。他方，**「流動負債」**は，**「１年以内に支払わなければならないもの」**を言います。たとえば，買掛金，借入金，支払手形などです。ここでは代表的な流動資産と流動負債を例示しています。

貸 借 対 照 表

（資産の部）		（負債の部）	
Ⅰ　流 動 資 産		Ⅰ　流 動 負 債	
当 座 資 産		支 払 手 形	16
現金・預金	28	買 掛 金	8
受 取 手 形	1	短期借入金	11
売 掛 金	2	流動負債合計	35
有 価 証 券	4		
計	35		
棚 卸 資 産			
商品・製品	23		
仕 掛 品	5		
原料・材料	7		
計	35		
流動資産合計	70		

　さて，「流動資産」と「流動負債」の関係はどうなっているでしょうか。**流動負債**は，簡単に言いますと，**「１年以内に返済する借金」**です。その**借金の返済財源**になるのが，**流動資産**です。

　いま，5,000万円の流動負債があったとします。１年以内に返さなければならない借金です。これを期限内に返済するには，それに相当する流動資産が必要です。では，5,000万円の負債に対して，5,000万円の流動資産があれば十分でしょうか。

流動比率は160％で合格

　前に示した貸借対照表を，もう一度見てください。流動資産の中には，「商品」「原材料」などが入っています。商品はいつ売れるかも，いくらで売れるかもわかりません。原材料は，これから製造プロセスで製品化（たとえば，パンにしたり衣服にしたり）して，さらに販売しないといくらの現金になるかはわかりません。

　そうすると，流動資産が5,000万円あったとしても，5,000万円の負債を返すことができないこともあり得るのです。そこで，流動負債が5,000万円あるとしたら，流動資産は，その倍，1億円くらい必要だと言われています（経験的には，1.6倍，160％くらいあれば返済に困らないようです）。

　この計算をするのが，次の**「流動比率」**と呼ばれています。

$$流動比率 = \frac{流動資産}{流動負債} \times 100（\%）$$

　負債の返済期限が期首に集中することもあります。5,000万円の負債のうち，3,000万円を期首に返さなければならないとしたら，商品を売ったり原材料から製品を作って販売してから借金を返すのでは間に合いません。そこで，期首に返済が集中しても，ちゃんと返せるかどうかを判断する必要があります。この判断に使われるのが，次の**「当座比率」**です。

$$当座比率 = \frac{当座資産}{流動負債} \times 100（\%）$$

39頁の貸借対照表の資産の部を見ますと、**流動資産は当座資産と棚卸資産**に区分されています。当座資産は、現金と、すぐに現金に換えることができる資産（たとえば売掛金、有価証券など）です。借金の返済にもすぐに使えるものです。

当座比率は、流動負債をすぐに返済できるかどうかを判定する比率です。

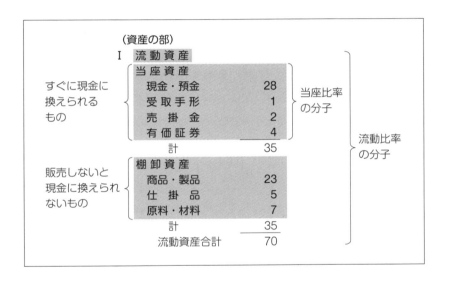

当座比率は80％で合格

当座比率は、期首にすべての借金を返すことができるかどうかを見るものです。5,000万円の借金をすぐに返すには、ちょうど5,000万円あれば足ります。そこで、この比率は、100％あればいいと言われています。実際には、負債のすべてが期首に返済期限を迎えることはマレなので、多くの事例から見て**80％以上あれば返済には困らない**ようです。

財務の安定性は「自己資本比率」で見る

家を建てるとき，自己資金だけで建てられる裕福な人もいれば，一部を銀行から借りて建てる人もいます。「自己資本比率」というのは，たとえて言いますと，わが家の建設費のうち何％が自己資金であるかをいうようなものです。

なお，「自己資本」は，貸借対照表上，「純資産」と表示されます。

$$
自己資本比率 ＝ \frac{自己資本}{総資本（総資産と同じ）} ×100（\%）
$$

総資産100で自己資本が40としますと，自己資本比率40％となります。これは，**負債60をすべて返しても40残る**はずである，という意味です。あるいは，**60の借金を返す財源として100の資産がある**ということでもあります。

自己資本が大きいと，借金の返済に追われることなく経営できることから，一般に，「財務的に安定している」ということができます。また，この比率が高いと，**借金の返済能力も高い**と考えられます。

この比率の目安としては，**製造業で40％以上，サービス業や流通業などでは30％以上**が望ましいといわれています。どの業界でも，10％を下回ると，資金繰りや借金の返済に追われ，経営が苦しくなります。

これまでに，流動性比率，当座比率，自己資本比率という，３つの指標を見てきました。いずれも，財務の安定性や借金の返済能力を見る指標です。これらの指標は，支払い能力だけではなく，「資金の借入余力」（銀行などから資金を借りるときの余裕度）を示す指標でもあります。

第1章　わが社の健康診断

　流動比率や当座比率が指標とされる数値より低くても，自己資本比率が高い
場合は，一般に借入余力が高いことから，すぐに経営が不安定になることも少
ないと考えられます。

　この3つの指標を要約しますと，次のようになります。

流動比率 流動資産／流動負債	短期的な支払能力の指標	一般に流動資産の即時換金価値は帳簿価額よりも低いため，流動負債を即時に返済するにはこの比率が200%が望ましいと言われる。実際には160%が合格ライン
当座比率 （酸性試験比率） 当座資産／流動負債	流動比率の補助比率	流動資産中の棚卸資産を換金して負債の返済に充てるとすれば営業の継続は困難になる。営業の継続を前提とすれば，この比率は100%以上が望ましいと言われる。実際には80%が合格ライン
自己資本比率 自己資本／総資本	経営と財務の安定性をオーナー（株主）の出資比率から判定する指標	企業の財務体質（資本構成）の良し悪しを見るもので，一般には30%以上が健全会社，10%を割ると「事業継続」が困難になると言われる。

※　ここで示した指標は，理論的に導き出した数値というよりは，これま
　　での経験から読み取った経験則です。

43

資本の効率は「資本利益率」で見る

損益計算書と貸借対照表の2つの財務諸表を並べてみますと，いろいろなことがわかります。まず，**資金（資本）がどの程度有効に活用されているか**がわかります。これを判定するのが，次の**「資本利益率」**です。

$$資本利益率 = \frac{利益}{資本} \times 100(\%)$$

ここで，資本としては，「**総資本**（負債と純資産の合計額。資産の合計額と同じ）」を使います。損益計算書には，いくつもの利益額（粗利，営業利益，経常利益など）が計算・表示されますが，ここでは，**「経営者の経営能力」**を端的に示すものとして，**「営業利益」**と**「経常利益」**を使います。

$$総資本営業利益率 = \frac{営業利益}{総資本} \times 100(\%)$$

$$総資本経常利益率 = \frac{経常利益}{総資本} \times 100(\%)$$

総資本営業利益率は，経営に投下されているすべての資産（総資本）を使って，経営者はどれだけの利益を上げたかを比率で示すものです。ここでは，資本構成（借金がどれだけあるか，自己資本がどれだけか）とは関係なく，純粋に，**「経営者の稼ぐ力」**を見るものです。

第1章　わが社の健康診断

　もう1つの，**総資本経常利益率**は，**資本構成を加味して，経営者の経営能力をみるもの**です。高金利の時代に，資金の多くを銀行などから借り入れて運営していれば，**金利負担**が大きく，**「営業外費用」**がかさみ，経常利益は小さくなります。逆に，いまのように，低金利どころか**マイナス金利の時代**には，必要な資金を低利で借りて金利負担を小さくしたほうがいいでしょう。ただし，高い投資効果が望める投資案件があればの話です。

目標とする利益率

　この2つの比率には，○％が適切とか，○％以上が合格，といった指標はありません。当期の比率がいいかどうかは，(1)わが社の前期の比率と比べる，(2)同業の他社と比べる，(3)業界平均と比べる，などの方法で判断するしかありません。

　ただし，一般的には，どちらの比率も，**目標とすべきは，8％から10％**あたりではないでしょうか。

設備の有効活用度を見る

　企業が使っている資産には，**営業用の循環資産**（現金，商品，売掛金，受取手形など）と**非循環資産**（土地，建物，機械など）があります。営業資産は，次の図のように，G（現金）からW（商品，製品など）に変化し，さらにこれが販売されてG（現金）に戻るというサイクルで資金が循環します。

45

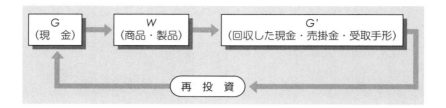

非循環資産は，ほとんどが土地，建物，機械などの**有形固定資産**です。

こうした固定資産（設備）がどれだけ有効に使われているかを計算するのが，次の「**設備生産性**」です。

$$設備生産性 = \frac{付加価値}{有形固定資産} \times 100(\%)$$

算式にありますように，ここでは，固定資産がどれだけの付加価値を生み出したかを計算するものです。「付加価値」は次のように計算（加算法といいます）しますが，以下では，簡略な方法として，付加価値の代わりに営業利益を使います。

$$付加価値＝人件費＋利息割引料＋地代＋租税＋純利益$$

$$簡便法 \quad 付加価値＝営業利益$$

設備生産性は，使用した固定資産（設備）が何倍の付加価値（営業利益）を生み出したかを見るものです。1人当たりの設備が多い近代工場と人手作業に頼る家内工業では，生産性に大きな差が出ます。わが社の設備生産性を見るには，前年と比べる，同業他社と比べる，業界平均と比べるなどの方法がありま

第1章　わが社の健康診断

す。

成長の安定性を見る

　損益計算書と貸借対照表という2つの計算書を並べますと，他にもいろいろなことが見えてきます。ここでは，「安定的に成長しているか」を判定する方法を紹介しましょう。

　企業の成長を端的に表すのは，①**売上高**，②**総資本**，③**経常利益**，④**従業員数**，の増加です。この4つの増加・減少のバランスが，その企業の成長または規模縮小の健全・不健全を表すといってよいでしょう。

　売上げは急速に伸びているのに経常利益は減少傾向にある場合や，売上げは伸びていないのに総資本や従業員数が上昇している場合，余剰人員を削減したにもかかわらず経常利益が増加していない場合，こうしたケースでは決して健全な成長は望めません。

　上の4つの項目が前期に比べてどのように変化したか（成長性）を，1つのグラフにまとまるための図表が，次頁の**「成長性判定グラフ」**です。描き方は，2つあります。

47

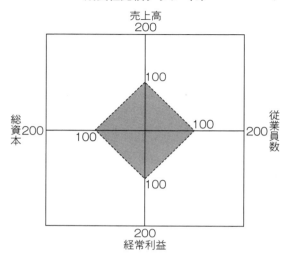

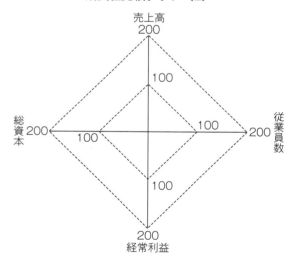

第1章　わが社の健康診断

　グラフの作り方と描き方を，上のグラフ（1）を使って説明します。このグラフは，前期を100％としたとき，当期は何％に成長したかを表すものです。グラフの100％のところが前期のもので，外枠が200％（2倍）を表しています。

　このグラフは，お餅を焼いたときのように，**全体がまんべんなく膨らむのが理想**です。このグラフを描いてみますと，何が成長し，何がその成長について行かなかったかがわかります。

　次のデータは，A社の84期と85期のものです。

（単位：億円）

	売 上 高	総 資 本	経常利益	従業員数 （人）
84期	2,145	4,433	933	2,364
85期	3,469	7,702	1,471	3,829
成 長 率	61.7％	73.7％	57.6％	61.9％

　この数値を「成長性比較グラフ」に書き込むと次のようになります。4つの数値が偏りなく成長しているのがわかります。

49

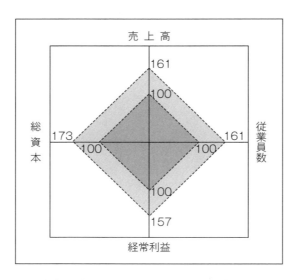

　たとえば，**売上げが伸びているのに経常利益が横ばい**であれば，利益を無視した販売が行われた可能性があります。**総資本が伸びているのに売上げが横ばい**であれば，もしかしたら，まだ投資（新規の出店や工場の増設）の効果が出ていないのかもしれません。そうした原因がわかれば，販売政策を見直すとか次期の投資効果を待つとかの対応ができます。

　このグラフは，簡単に作れますから，決算期ごとに作ってみるといいでしょう。工場や店舗ごとにも簡単に作れますから，どの工場，どの店舗が健全に成長しているかがすぐに判定できます。

第2章
問題解決のチエ
——社長も社員も一丸となってPDCAを回そう！

　最近，「PDCA」を使う企業が増えています。「PDCAを回す」ということもよく耳にするようになりました。PDCAって，何でしょうか。

　PDCAにはいくつかの考え方がありますが，この章では，⑴「問題発生・問題発見」→⑵「原因分析」→⑶「解決策の模索」→⑷「解決策の実行」というプロセスを「見える化」する，「問題解決」の方法を学びます。

　「問題を見える化」できれば，「問題を共有」できるようになります。そうすれば，社長さんだけでなく，全社員で問題解決に取り組めるようになります。

経営は「チエくらべ」

経営を取り巻く環境は，刻々と変化します。よいときもあれば，逆風が吹くときもあります。**経営は「生き物」**です。

円安で一息ついている会社もあれば，円高が追い風になる会社もあります。猛暑になればクーラーや清涼飲料水が売れ，冷夏であれば米やじゃがいも，スイートコーンなどの農産物に悪い影響が出ます。

暖冬になれば，暖房器具が売れず，スキー場には閑古鳥が鳴きますが，その分，個人の消費が旅行やショッピングに向かうかも知れません。

経営は，そうした**環境の変化に敏感に対応**しなければなりません。

「経営はチエくらべ」なのです。

「チエ」といえば，**「3人寄れば文殊のチエ」**といいますね。御社には，何人の方が働いていますか。100人の従業員が働いていれば，100人分のチエがあるということです。100人もいれば，**「チエの山」「チエ袋」**を持っているようなものです。

「岡目八目」とも言います。1つの課題を1つの目線から眺めるよりも，10の目線，100の目線から眺めてみると，意外なところに「正解」を見つけるかもしれません。

問題は，その「100人のチエ」「100の目線」をどうやって引き出すか，どのようにして活用するか，です。

52

第2章　問題解決のチエ

　以下では，社長も専務も，工場で機械を動かしている工員さんも，お得意さんのところを飛び回っている営業の皆さんも，在庫やお金の管理や記帳を担当している総務や経理の皆さんも，**全社員が一丸となって問題に取り組む方法**として，**「PDCA」**というやり方を紹介します。

　難しいものではありません。社長さんも社員の皆さんも，これまで「１人で」「頭の中で」やってきたことを，ちょっとだけ変えて，

「全員が問題を見えるように」（問題の見える化）
「全員で問題に取り組めるように」（問題の共有）

するのです。

　最初は，「社長と専務だけ」でもいいでしょう。「隣の席に座っている同僚と２人だけで」でもかまいません。「最近，関西の売上げが落ち込んでいるけど，どうしたらいいだろうか」「ここんとこ，仕事が遅れ気味だけど，なんとかならないかなー」「銀行の稟議（りんぎ）が止まっちゃった。来月の資金繰りはどうしようか」……。

　最初は少人数でもいいですから，ポテトチップかスルメを肴（さかな）にビールでも飲みながら，「わが社の問題」「わが部（課）の問題」を語り合いましょう。

　──「俺に営業部長をやらせたらよー，いまのやり方を100％変えて，飛び込み販売なんかやめて，ネットを使うんだけどなー。いまの部長は古いからなー。」

　──「今度銀行から来た総務部長って，うち（わが社）の仕事のことなんか，まったくわかってない。現場に行こうともしないからな。」

53

――「俺だったら，……」

――「あいつが無能だから．……俺に任せれば……」

そうです。どこの会社でも，仕事帰りに「いっぱい」やりながら，「わが社の問題を語り合い」「上司の評価（多くはこき下ろし）」をし，それぞれ自分なりの提案や問題提起を熱く語るものです。

問題は，「その場限り」「話しっぱなし」で終わってしまうことです。

その場では，多くの賛同者がいても，翌日になると，誰も覚えていません。きっと，「わが社を一流会社にするアイデア」を提案した人も，「いまの営業部長にホントの営業ってえものを教えてやろう」と勇ましい提案をした人も，翌朝には，何気ない顔をして出社してきます。

もったいないですね。「酒の席の話」には，「ヨタ話」も多いでしょうが，「本音」も少なくありません。特に，若い社員，新入社員の「つぶやき」を聞き逃しては，先輩・上司として失格だと思います。

私が提案するのは，

(1) 一杯飲みながら，上司（ときには同僚）の「評価」をするのは，「続けましょう」。ここに，100人のチエ・アイデアが詰まっているからです。

(2) ただし，1つだけ変えましょう。それは，呑みながら，誰かが**記録を付ける**のです。「誰が」言ったかは書きません。「何を」言ったかを大雑把でいいですから，メモを取りましょう。いいですか，決して誰の意見（評価）なのか後でわかるような記録は取らないことです。そんな記録を残したら，そのうち，誰も本音を話さなくなりますから。

(3) 次の日，そのメモを呑み会の参加全員が「再評価」「再検討」するのです。

第2章　問題解決のチエ

「いいこと言ってるじゃん」「これは酒の上の話だからなー」「これはもしかしたら，やれるんじゃないかな」「課長に提案してみようか」……。各自が，メモに，◎，○，△，×を付けてみるといいでしょう。

それ以上のアクションは，この段階ではしなくてもかまいません。

組織の活動にとって「**報連相**（報告，連絡，相談）」は非常に重要ですが，この段階では，まだ，誰かに「報告」も，誰かに「連絡」も，誰かと「相談」も要りません。必要なのは，「**報連相記確**」（報連相に「記録」と「確認」を加えたものです）の「記」，つまり「**記録**」することです。

報	報告
連	連絡
相	相談
記	記録
確	確認

(4)　次の呑み会には，少し輪を広げて，隣の課，隣のライン，もしかしたら上司の機嫌がよさそうなら，主任，係長あたりも誘ってみるといいですね。

要するに，

「問題を共有すること」

とそのチャンスを広げることです。

「**解決策を考える**」のは，ずーっとその先です。

多くの会社では，問題が発生しますと，すぐに上司が解決策をひねり出して，「こうしろ」「ああしろ」と指示しますが，部下（全員）が合意（納得）して

55

いない解決策を指示されても，誰も本気で動こうとしません。動くのは，「口」だけです。「わかりました」，「ハイそうします」。

　では，どうしたらいいでしょうか。

　まずは，「問題を共有すること」です。何が問題なのかは，立場によって違うかもしれません。前にも書きましたが，

　製造部門では，
「これだけいい製品を作っているのに，ちっとも売れないじゃないか，営業は何をやっているんだ」という問題意識ですし，

　営業では，
「工場は何を考えてるんだ。こんな金ばっかりかけて金ぴかの物を作っても，デザインが悪くて誰も見向きもしない」……。

　社長はきっと，製造部門には「売れる物を作れ！」といい，営業部門には「売れ！」とはっぱをかけているんでしょうね。製造部門には「コスト意識」が希薄で，営業部門では「製品の知識」が乏しいという問題が共有されていないのです。要するに，かみ合っていないのです。

　多くの会社では，「作る人（製造部門）」と「売る人（営業部門）」は交流の場が少なく，時には反目しあっています。社長さん，思い当たる節はありませんか。

　その昔，トヨタ自動車は，製造の「トヨタ自動車工業（自工）」と販売の「トヨタ自動車販売（自販）」に分かれていました。自工が必死になってコストダウンに取り組んでも，売るときは自販が金に糸目をつけずに営業したとか，

56

第2章　問題解決のチエ

その反省から自工と自販が合体して，いまのトヨタの繁栄につながったという伝説的な話があります。

　目標や問題を共有することがいかに大事かを教えてくれているのではないでしょうか。

　製造部門は，もっともっと，製品の良さを営業に伝える努力が必要ですし，営業は，市場のニーズや同業他社との競争状況，地域や年齢層による好みや経済力の違いなどを伝える努力が必要ではないでしょうか。

　それだけではありません。原価計算部門や経理部門は，「コスト意識」「コストパフォーマンス」「資金調達」「投資の回収」などを，他部門と共有する必要があります。

　会社のトップは，「新製品の社会性（新製品が社会的に歓迎されるものであるかどうか）」や「研究開発投資（すぐには利益に結びつかなくても，会社の永続的発展に寄与する投資）」という，長い目で見ることも必要で，これも，社員全員と共有する必要があるのです。

経営は，１人でやるものではないのです

　そこで，思い出してください。「呑み会」の大事さです。「ノミニケーション」「飲みにケーション」です。忘れないでください。ただ呑んで「自説を大声で叫んで終わり」にせず，**必ずメモ（記録）を残す**のです。「誰が言ったか」は書かずに，「何を言ったか」だけを記録するのです。

　翌日，そのメモを参加者全員にチェックしてもらいましょう。

57

――会社全体として早急に取り組むべき問題には，◎

――長い目で見て，全体的な課題として取り組むべき課題には，○

――すぐにでも取り組めるものには，※

――主に営業部門が課題とすべき問題は，「営業」マーク

――主に製造部門が取り組むべき課題には，「製造」マーク

――営業と製造が一緒になって取り組むべき課題には，「共同」マーク

　それぞれの人，部門が「課題」を共有することが大事です。ここでは「問題を見える化」することで「問題を共有する」のです。

　各自・各部門の課題がはっきりしたら，PDCAの出番です。

問題が発生する・問題を発見する（PDCAのスタート）

　「わが社の問題」を発見する技法は，多くの場合，一般化されています。公式がある，といってもいいでしょう。

　たとえば，売上高の推移を月次で並べてみますと，昨年（前月）と比べて増加傾向にあるのか減少気味なのかがわかります。利幅・利益率がよくなったかどうかは**資本利益率**とか**売上高利益率**を計算すればわかります。

　従業員にちゃんと給料を支払えるかどうかは，「**売上総利益（粗利益）**」を見ればわかります。製造部門が活発かどうかは，わざわざ工場まで出向かなくても，工場の電力量や電力代金をみればわかりますし，営業部門の活動が効果的かどうかは売上高に占める販売費の割合（**売上高販売費率**）を計算すればわかります。

第2章　問題解決のチエ

🔑 KEYWORD

資本利益率 $= \dfrac{経常利益（または営業利益）}{総資本} \times 100（\%）$

　当期に使用した資本が，1年間にどれだけの成果を上げたかを示すもので，預金の金利などと比較できるように，%で表示。比率が高いほど資本の効率（小さい元手で大きな利益）がよい。ただし，極端に高い場合は過小資本であることが多く，極端に低い場合は，売上高利益率と総資本回転率を計算して，その原因を調べる。

売上高利益率 $= \dfrac{営業利益（または売上総利益）}{売上高} \times 100（\%）$

　当期の売上高100円について何円の利益が含まれているかを示すもので，利幅の適正度を判断する。同業他社より極端に高ければ儲けすぎの批判を招き，極端に低い場合は仕入れ先や原価構成を再検討する。

売上総利益：売上げから商品の仕入れ原価を差し引いた金額。500円で仕入れた商品を800円で販売すれば，300円が売上総利益（粗利益）。粗利益率は37.5%（300÷800）。

売上高販売費率 $= \dfrac{販売費}{売上高} \times 100（\%）$

　当期の売上高100円について何円の販売費を使ったかを示す。通常，売上げが伸びると比例的に増える販売費（たとえば，梱包費，発送費，販売手数料，販売用消耗品費など）と，費用をかけただけ売上げの増加に結び付くものや売上げに連動しない費用（たとえば，広告宣伝費，販売員給料手当，製品保証費など）がある。

　企業活動には，必ずお金がついてきますから，お金の動き（**収入・支出・収益・費用**）を観察していると，どこに問題がありそうか，順調にいっているか

59

どうか……が読めるのです。そうした問題点を見つける方法としては，第1章で紹介したような会計の技法（経営分析）が開発されているのです。

　ところが，そうして発見された問題をどのようにして解決するかは，どの会社にも当てはまる技法というものがありません。

　たとえば，家の近くで営業している「お米屋さん」が，売上げが落ち込んで困っているとします。売上げが落ちたことは，レジの金額（売上高）からも仕入れ高からもわかります。一日中店にいる店長さんなら，レジを覗かなくても肌でわかっているはずです。

原因は何か

　どうしたらいいでしょうか。売上げがなぜ落ちてきたのか，原因を具体的に調べてみないと，適切な解決策は立てられないのです。

　お米屋さんの近くにスーパーができて，スーパーのほうが安くお米を売っているということもあるでしょう。別のお米屋さんが御用聞き（一軒ごとに注文を取りに来る営業スタイル）に回っているといったこともあります。あるいは，自分の店には「無洗米」を置いていないのが原因かもしれません。もしかしたら，店に駐車場がないことが原因かもしれません。店の雰囲気が暗いとか，店番をしている店員が横柄だとか，重いコメを駐車場まで運ぶのを店員が手伝ってくれないとか，いろいろな原因が積み重なっているのかもしれません。

　実は，この話は，わが家の近くにあったお米屋さんの，ほんとの話です。つぶれてしまいましたが。

解決策を考える

　売上げが落ちてきたということがわかっても，その原因と考えられることが多岐にわたるために，解決策は店ごとに違うのです。駐車場がないのが原因らしいということであれば，駐車場を設置すれば解決するかもしれません。駐車場を作るのが大変だというのであれば，近くの有料駐車場（いまなら，Timesや三井のリパークなど，どこにでもあります）と提携するという手もあります。

　店の模様替えとか店員の教育で売上げが増えるかもしれません。実験的に「無洗米」を置いてみるのもいいでしょう。当店も宅配（御用聞き）を始めるのも一案です。お客さんの家に行かなくても，注文用のFAX用紙を配るのもいいでしょう。スーパーと品ぞろえや価格設定を変えるという手もありそうです。

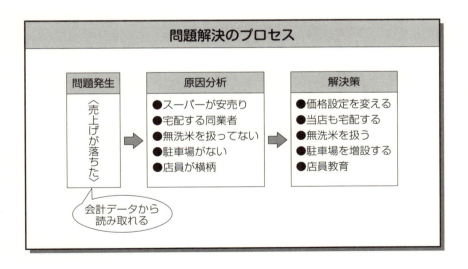

解決策の実行

　原因の分析をして，その**解決策を検討**したら，いよいよ**解決策の実行**です。これについては，少し後で詳しく紹介します。

　このように会計データ（ここでは売上高）を分析しますと，どこに問題があるか，何が原因と考えられるかという問いに答えを示してくれます。つまり，これまでに紹介した**「資本利益率」「流動比率」「当座比率」**などの計算式や指標は**「問題を発見」**するためのものであったのです。

✂ KEYWORD

$$資本利益率＝\frac{経常利益（または営業利益）}{総資本}×100（\%）$$

　当期に使用した資本が，１年間にどれだけの成果を上げたかを示すもの。詳しくは，59頁を参照。

$$流動比率＝\frac{流動資産}{流動負債}×100（\%）$$

　今後１年間に返済・支払いしなければならない流動負債にたいして，その返済に充てることができる「１年以内に現金になる流動資産」がどれだけあるかを計算するもの。借金の返済力を見る指標。一般に，100円の借金に対して200円の支払財源があればいいと言われる。比率でいうと，200％。ただし，現在の経験則からすると，160％以上であれば合格であろう。

$$当座比率＝\frac{当座資産}{流動負債}×100（\%）$$

上の流動比率は，1年という長めの期間でみる支払能力であるが，短期的にみると，返済・支払いが期首に集中することもある。そこで，短期的な返済能力を見るために，返済財源を，「すでに現金になっているものと，すぐに現金に換えられるもの」（当座資産）に限定して返済力を見るもの。一般に，100円の借金には100円あればよい（比率では100％）と言われるが，現在の経験則からすると，80％以上であれば合格といえる。

「どうやって問題を解決するか」の答えは，会計データの中からは見つけられません。**解決策の多くは，経営の現場で見つけ出されるもの**です。駐車場の話も，無洗米の話も，経営の現場を見てわかるのです。

PDCAは，「(1)問題発生・問題発見」→「(2)原因分析」→「(3)解決策」→「(4)解決策の実行」という手順をいいます。これをフロー・チャートで描きますと，次のようなプロセス（手順）になります。

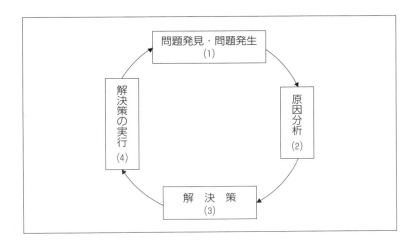

「PDCA」は，

P＝PLAN／プラン 　　——計画を立てる
D＝DO／ドゥ 　　——計画どおりに実行する
C＝CHECK／チェック 　　——計画のとおりの結果が出たかどうかを評価する
A＝ACTION／アクション 　　——計画どおりなら継続する。違うなら計画を改善する

の頭文字をとったものです。

　このPDCAは，一般に，P（PLAN，計画）からスタートします。「年度計画」とか「中期経営計画」の立案・実行のときなどに使うことができます。いま，「計画立案」をスタートにしたフロー・チャートで描きますと，次のようになります。

P（PLAN）・計画を立てる 　　　↓ D（DO）・計画を実行する 　　　↓ C（CHECK）・計画どおりの結果が出たかどうかを点検する 　　　↓ A（ACTION）・点検の結果，計画どおりなら継続，違うならPに戻る

　一般に「PDCA」は，こうしたフロー・チャートではなく，次のようなサイクル図で描きます。フロー・チャートでもサイクル図でも意味は同じですが，自社の参加者にとってわかりやすいのを選ぶといいでしょう。

64

第2章　問題解決のチエ

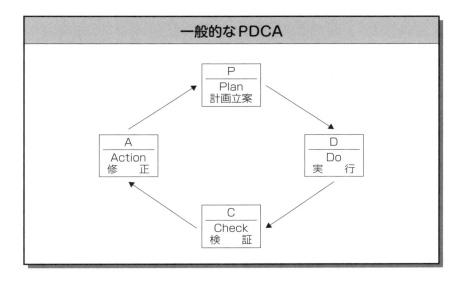

　PDCAを，**「問題発生→問題解決」**の方法として使うときは，PDCAという言葉にとらわれず，**スタートを「問題発生」**として，上に紹介したようなサイクル図を描くといいでしょう。

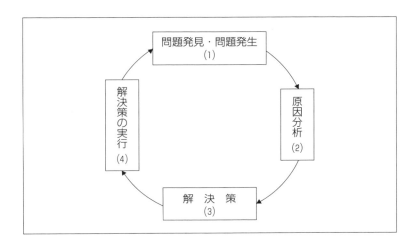

解決策として(4)を実行してみたけれど問題が解決しなかったという場合は，もう一度，(1)の問題発生に戻って，**問題のとらえ方が漠然としすぎていないか，全員が取り組めるように問題を絞り込んでいるか，複数の問題をごっちゃにしていないか**，などを再検討します。そのうえで，あらためて，(2)原因分析→(3)解決策→(4)解決策の実行という手順を繰り返します。

　問題が解決するまで，何度もこのサイクルを繰り返すのです。これを「**PDCAを回す**」といいます。

　「年度計画」「中期経営計画」がうまく達成できなかったとき（目標不達成）も，PDCAを回します。そのときは，次のようなフロー・チャートを作って再検討するといいでしょう。

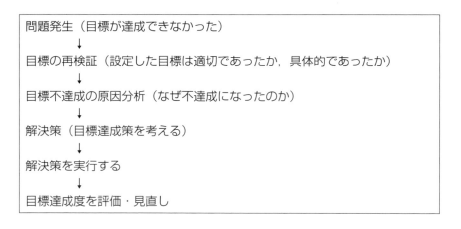

　PDCAという言葉や順番に惑わされないでください。PDCAは，「問題解決の考え方」であって，「P→D→C→A」の順番どおりにやる必要はありません。

第2章　問題解決のチエ

プロセスを「見える化」する

　PDCAは，大きな流れ・考え方として，

「問題発生」→「原因分析」→「解決策の模索」→「解決策の実行」という
プロセスを「見える化」するものです。

　お米屋さんの話でおわかりのように，１つの問題にいくつもの原因が考えら
れることもあります。原因によっては，**すぐに取り組めるもの**もありますが，
お金や時間がかかるものも，**お客さんや仕入れ先などの同意が必要なもの**もあ
ります。天候のように，**自分たちでは解決できないもの**もあります。

　そこで，問題発生の原因を次の図のように，いくつかに分類して，それぞれ
の原因別に解決策を考えることも必要です。

問題発生・問題発見
原因(1) すぐに解決できそうな問題 原因(2) 解決には時間がかかりそう 原因(3) 解決には大きな投資が必要

67

原因(4)

お客様などの合意が必要

原因(5)

当面，解決の方法がない

全員参加のPDCA

　PDCAがうまく回るかどうか，PDCAで問題を解決することができるかどうかは，たびたび書きましたように，**「社長も社員も，全員が参加するかどうか」**にかかっています。

　しばしば社長さんや部長さんは，自分1人であれこれ考えて，「そうだ，こうしよう！」と決めていませんか。月曜朝礼で，「わが社はこれから〇〇を目標として，□□を実行する。諸君，目標達成に向けて一丸となって頑張ってもらいたい」……。

　社長が「気合い」を入れるのは大事です。社長にやる気がなければ，社員は動きません。しかし，社員の皆さんとの間に，また社員同士で**「問題の共有」**と**「解決策の合意」がなければ，社員はなかなか動かない**ものです。社長の掲げる目標や計画に具体性が無かったり，締め切りの期限（いつまでにやり遂げるか）がはっきりしていなければ，社員は動きたくても動けません。

　そこで，**「全員参加型のPDCA」**が重要なのです。社員の皆さんが問題を共有し，いっしょになって解決策を考えるのです。社員の皆さんが自分たちで考えて出した結論（解決策）であれば，社員の皆さんは喜んで取り組むでしょう。

68

そのとき，社長さんは，ニコニコして社員の皆さんの頑張りを眺めていればいいのです。

新しい問題を発見する

　PDCAを回しているうちに，別の問題に気がつくこともあります。そのときは，「それは関係ない」とか「それは別の問題だ」といって退けないで，担当者（司会者）を別にして，**もう１つPDCAを回すプロセス（手順）を追加する**のです。PDCAはいくつあってもかまいません。いくつものPDCAを回しているうちに，「共通の原因」や「共通の解決策」があることに気がつくこともあります。そのときは，P（問題提起，企画立案）に戻って，あらためてPDCAサイクルを組み立てるという手もあります。

　問題の解決策には，いろいろな提案が出るでしょう。時間やお金がかかりそうな提案，ちょっと遠回りに見える提案，効果が期待できそうもない提案，個人的な趣味に近い提案……。いろいろな案が出てきますが，**PDCAを回すときの約束**が２つあります。

PDCAの約束
(1)　どんな提案も決して否定しないこと
(2)　どんな提案も放置しないこと

　誰かが何かを話すと，途端に，反論やら否定的な言葉が飛び出すようでは，次第に誰も話をしなくなります。PDCAの目的の１つは，**「問題を共有すること」**です。**「問題を解決する」のは，問題を共有した後の話**です。そこで，PDCAの会合を始めるときに，約束するのです。

69

「どんな提案も否定しない。反論しない」

「全員が問題を具体的な形で共有する」までは，突拍子もない提案や夢物語みたいな提案も出てきます。どんな提案でも，決して否定したり反論はしないと約束するのです。もちろん，「そんなのはダメだよ」「そんなことはできないよ」「時間が無いよ」「金がかかりすぎるよ」……といった批判・反論は大事ですが，この段階では，タブーです。ではどうしたらいいでしょうか。答えは，

「ヨリ良い案を出す」

誰かの提案を否定するのではなく，「それもいい案ですね。その話で気がついたんですけど，こういう案はどうですか」「すぐ手をつけるんであれば，こういう手も考えられませんか」……。

前にも書きましたが，**記録係は必ずメモする**ことです。誰が言ったかではなく，**「何が話されたか」「どんなことが提案されたか」を記録**しておくのです。

もう１つの約束は，

「どんな提案も放置しないこと」

みんなの提案をすべて実行することはできません。予算，時間，人員，技術，市場，価格……何らかの事情から採用されなかった案もたくさんあるでしょう。どんな案も，「文殊の知恵」の１つなのです。**環境や条件が変われば，真っ先に実行する案**かもしれないのです。もっと言いますと，「提案された内容や意義」を参加者が十分理解できないために採用されないこともあります。もったいないですね。

そこで，どんな提案にも，再提出のチャンスを残すことと，その提案者が

第2章　問題解決のチエ

「腐らない」ようにする工夫が必要になるのです。せっかくの提案を拒否され
たり否定されれば，誰でもいやになるものです。次の会合に出てこなくなるか
もしれませんし，出てきても何も言わなくなるかもしれません。会社のために
いろいろ頭を使っている人にそんな思いをさせるのは，会社にとって大損害で
す。

　「あの提案，よかったですね」
　「少し先になるかもしれませんけど，ぜひやりたいですね」
　「夢がある提案でしたね。10年先を見据えているなんてすごいなー」

　「どんな提案も放置しない」のは，実は，「どんな提案にも，ヒントが隠され
ている」からです。例として，商品開発のことを考えてみましょう。

　いまの時代，売れる物を作ろうとしていろいろ工夫して，「これだ！」とば
かり意気込んで商品化しても，市場がさっぱり反応しないことがあります。い
え，そのほうが多いでしょう。株式会社武蔵野の小山昇社長（5千人もの社長
さんを指導してきた超人気のコンサルタント）は，「どの商品がヒットするの
かは，実際に売ってみなければわからない」といいます。

　「これは絶対に売れる！」という確信をもって新発売される商品・製品の8
割方は1年以内に市場から撤退するという話を聞いたことがあります。逆に，
発売当初は，「何だこれ！」という市場の反応が，「面白いじゃん」とか「これ
ヤバイ，誰にも教えたくない（とかいって，ツイッターに書きまくる）」と
いったことから，「爆売れ」になることもあるそうです。

　では，どうしたらいいのでしょうか。

　小山社長は，「たくさん新商品を出し，そのなかからお客様から評判が高

71

かった商品の販売を強化」するのだといいます（小山昇『5千人の社長がすでに始めているテキトー経営』パブラボ）。

　「これなら売れる！」と意気込んで開発した商品は，たいてい，「作る側の目線」「売る側の目線」です。「これ，買ってください！」という声が聞こえるようです。お客様はちょっと違う商品を求めているのかも知れません。

　大手企業でいいますと，**花王**は，どんどん新商品を市場に出して，どれか1つでも2つでもヒットすれば，その商品を改良・強化し，市場を開拓するという手法を取っています。このことも，小山社長の本に書いてあります。

　では，「たくさんの新商品を出す」には，どうしたらいいでしょうか。小山社長は，**「どの商品が売れるのか？」は，お客様だけが知っている**のだから，野球でいえば，ためらうことなく，どんどん投げてみる，というのです。ストライク・ゾーンなど気にせずに，**高めの球，低めの球，カーブ，スライダー，緩いストレート，いっぱい投げているうちに，お客様好みのコースをついた球がある**，というのです。案外，そんな球から，ホームランが生まれるかもしれません。

　私たちは新商品にあふれた生活をしています。新聞広告や折込み広告，電車の中吊り広告，メールで届く新商品や新サービスの紹介，どれもこれも消費者に「便利」「面白い」「あなただけ」「きれいになる」「健康」「安い」……を訴えています。同じことをアピールした商品・サービスが多すぎて，消費者には選択が難しいだけではなく，そうした商品やサービスに疑いの目を向けるようになります。同じような効用を説く商品がいっぱいあるけど，「いったい，どのサプリを服用したらグッスリ眠れて，すっきり起きられるのか」……疑問だらけになるでしょう。

第2章　問題解決のチエ

　そうした意表を突いた新商品は，商品開発の正攻法では生まれないかもしれ
ません。むしろ，「遊び心がある人」「絵心がある人」「休みの日は10時間も
ゲームセンターで過ごす人」「いつも何かに不満を持っている人」「機械いじり
が好きな人」……そんな人が「もしかしたら，ヒットを生むアイデア」を持っ
ているのかも知れません。

　ですから，

「どんな提案も放置しないこと」

　です。どんな提案も，「文殊のチエ」の１つだと思って，大事にしたいもの
です。

　その結果，

　提案した解決策が１つでも２つでも実行に移されれば，社員の皆さんの顔が
生き生きしてきます。なにせ，自分の提案が取り上げられたのです。自分が率
先して実行に移すでしょう。

　その結果，問題が解決したり改善したりしたときは，全社員にグッド・
ニュースを伝えたいですね。「全社員あてのメール」でも「月曜朝会において
表彰」でも，総務部の「掲示板」でも。

　それを見た皆さんは，ぜひ，提案者に「よかったですね」「素晴らしいアイ
デアでしたね」と声をかけたいですね。

　普段はあまり話をしなかった人が，話の輪に入ってくる効果もあります。そ
んなときは，みんながその人の話をじっくり聞いてあげましょう。誰でも，話

73

を聞いてもらえるのはうれしいのです。みんなが自分の話に関心を持っていることがわかれば，次回も話をするでしょう。普段の仕事場でも周囲と話が弾むようになるかもしれません。これで，また「文殊の知恵」が１つ増えました。

PDCAとOODA

PDCA（PDCA cycle：Plan-do-check-action cycle）は，P（plan：計画を立案する）から始めて，D（do：計画案を実行する）→C（check：計画どおりに進行しているかをチェック）→A（action：計画どおりなら継続する，違うなら計画を見直すためにPに戻る）という，螺旋階段を上るように継続的に改善・改良を遂行するものです。

これは，第２次大戦後，品質管理のためにエドワーズ・デミングやウォルター・シューハートらが提唱したもので，後にデミングは，C（check）をS（study）に置き換えて，PDSAサイクルと呼んでいます。現在，生産管理や品質管理などの業務管理を円滑に行うために活用されているものです。

なお，PDCAは経営の現場から生まれたものですが，こうした発想や手法は，しばしば戦争・紛争における戦略としても使われます。その１つが，OODAループと呼ばれるものです。OODAループは，航空戦において指揮官がいかなる意思決定を行うべきかをわかりやすく理論化したものだといわれています。

少し説明します。最初のOはObserve（監視），次のOはOrient（情勢判断），DはDecide（意思決定），AはAct（行動）です。

経営の現場にあうように勝手に解釈しますと，まずは，O（常にアンテナを高くして，業界や商品の動向を監視する）→O（何か変化があったとき，それ

がわが社への影響を検討し，わが社の対応を考える）→Ｄ（わが社の選択すべき対応を決定する）→Ａ（対応策を実行する）というサイクルです。

　表現を変えて整理しますと，まず，(1)問題が発生していないかウォッチする→(2)発生した問題の原因を調べる→(3)問題の解決策を探る→(4)解決策を実行する→(5)問題が解決したかどうかを検証する→(6)解決していないか新しい問題が発生したとき→(1)に戻る，という手順です。

　中身はPDCAと変わりませんが，表現が変わると別の視点からものを見ることができたり，PDCAにアレルギーを覚える人（会社で，上からPDCAを押し付けられてきた人）には効果があるかもしれません。

問題には３つのタイプがある

　ところで，いままでは単に「問題」「問題発見」と言ってきましたが，実は，問題には３つのタイプがあるのです。問題のタイプが違えば，解決の仕方や問題への対応が異なることもあります。

３つのタイプの問題
(1)　発生する問題
(2)　発見する問題
(3)　目標とのギャップという問題（目標未達成）

　いま，火災を例にして，３つのタイプの問題とは何かを考えてみましょう。

75

(1) 発生する問題

「火事だ！」

　火災が発生すれば，「それ消火器を持ってこい！」「水をかけろ！」という解決法があります。火災のような問題が発生したときには，とりあえずその問題（火災）を「消火」する必要があります。原因分析（タバコの消し忘れか，仏壇のローソクか）は，後回しにして，まずは問題解決（消火）です。

　ただし，この問題解決法は，決して，本当の解決法ではなく，**当面の問題に対処する「消火法」**といってもよいでしょう。後で，しっかりと原因分析をして，「**２度と問題が発生しないような対策**」を立てる必要があります。

(2) 発見する問題

　「火のないところには煙は立たない」といいます。問題はまだ発生していないけど，ちょっと気をつけていると煙が上っていたり，焦げ臭いにおいがしたり，**問題発生の兆候を読み取れる**ものです。ときには，問題は「**発見**」するものなのです。

　会計データの分析（経営分析）をしていますと，資本利益率が低下したとか，売掛金の回収が遅れ気味だとか，いろいろな「問題を発見」します。

(3) 目標とのギャップという問題

　経営では「中期経営計画」や「売上高目標」などが設定されます。こうした目標が設定されますと，計画期間が終わるころには**目標と現実（成果）との差異（ギャップ）**がわかります。どれだけ目標に届かなかったか，どれだけ目標

を上回ったか，数字でとらえることができます。

このとき，「目標を達成することができなかった」ということを出発点（問題発生）としてPDCAを回すのです。→「なぜ，目標を達成できなかったのか（原因分析）」→「どうすれば目標を達成できるか（解決策）」→「解決策の実行」という手順です。

問題にどう対応するか――事前対応と事後対応

問題によっては，事前に備えておくこと（事前対応）ができるものと，それができないものがあります。

問題が起きる前に，問題が起きないように手を打っておくのが「事前対応」です。皆さんのおうちにも，万が一の地震や台風に備えて，水や食料などの備蓄があると思います。それが，「事前対応」です。

問題が発生してからの対応は，「事後対応」です。不幸にして火災が発生したときに，消火器や水を使うとか，消防車を呼ぶというのが，事後対応です。「問題への対処」あるいは「処置」です。

事前対応は「予防」といってもいいでしょう。同じ問題を繰り返さないという，再発防止の対策も，事前対応の1つです。

整理しておきましょう。

(1) 事前対応

　問題や事件が発生（発見）する前に，それを回避するための手を打っておくことは大事です。そのためには，**問題が発生する兆候を見逃さない**ことです。**問題を予知し，予防する**のです。

　車を運転していても，歩道を歩いていても，「危険」を察知することができます。前を走る車が蛇行運転していたら，居眠り運転か，携帯電話を操作しているかも知れません。そうしたときは，車間距離を置くといいでしょう。前方からくる車がセンターライン寄りに走行していたら，バイクか自転車を避けようとしているのではないでしょうか。そのときは，後続のバイクなどに気をつけながら，少し左に寄って走りますね。

　車を運転するときは，いつも，前を走っている車と対向車線を走ってくる車がどういう動きをするかを「予想」「予知」していなければなりません。これが「事前対応」です。

(2) 事後対応

　不幸にして**問題や事件が発生（発見）した**ときに，その後，**それをどのように処置するか**というのが，「事後対応」です。事後対応を誤ると，後始末にとんでもない高額のコストがかかったり，問題をこじらせたりしてしまいます。

　事後対応にしくじって，会社を破綻させたり経営陣が引責辞任した例はたくさんあります。大手では，**三菱自動車**（燃費不正，リコール隠しなど），**東京電力**（原発事故），**東芝**（会計不正），**日産自動車**（製品の検査不正），**神戸製鋼所**（データ改ざん）などが，事故・問題発生後の対応が「保身」にまわり，

第2章 問題解決のチエ

社会的な信用を大きく失墜しています。

「お客様」と「消費者」は違う

中小企業といえども，お得意様や消費者の信用を失ったのでは，企業の存続を危うくします。ここで「お得意様」と「消費者」と書きました。わが国では，この両者を一緒にして考えがちですが，実は，違うことが多いのです。

ある会社が，工場で大量のお総菜を作っているとしましょう。自社にとっての「お客様」は，その惣菜を仕入れてくれるスーパー，コンビニ，仕出し屋さん，弁当屋さん……です。スーパーや弁当屋さんは，総菜を買ってくれますが，「食べません」。実際に食べるのは，スーパーなどで総菜やお弁当を買った「消費者」，つまり，私たちです。

「お客様第一主義」とか「お客様満足度を高める」ということを社是にしている会社は数えきれないくらいあります。社長さん，きっと御社もそうではないでしょうか。そのときの，「お客様」は，「消費者」ですか。製品を買ってくれる卸売りや小売といった「お客様」を満足させることができても，最後に使ってくれる，食べてくれる「消費者」が満足しない商品は，これまた，数えきれないくらいあります。

ここでも，一度，PDCA を回してみませんか。(1)わが社の製品・商品は，果たして，「消費者」を満足させているのであろうか（問題発見）→「消費者はどこに満足していないか（原因分析）」→「では，消費者を満足させるにはどうしたらいいか（解決策）」→「解決策を実行する」というプロセスです。

ところで，読者の皆さんは，自分の会社の製品を使っていますか。自社の工場で作った商品を，家族で食べていますか。

79

私の知る限り，自社製品・商品を「食べていない」「使っていない」という
社員の方はたくさんいます。社長さんも，使っていない，食べていない……ら
しいのです。それじゃ，**自社製品・商品の「よさ」も「問題点」も気がつかな
いでしょう。**

　食品や小袋に入った醤油などに「どこからでも切れます」と書いてあるマ
ジックカット……実は，どこから切ろうとしても切れません。もちろん，切れ
るのもありますが。

　スーパーなどでパックで売っている餃子についている「ラー油」，油で手が
滑って「切れません」。マヨネーズやケチャップは，外袋には「消費期限」が
書いてあっても，まさか，外袋をしたまま食卓には置きません。外袋を剥がし
てしまうと，本体には「消費期限」が書いてないものもあります。「消費者」
としては困ります。

　メーカーは，「お客様に売って，オシマイ！」なんでしょうか。「消費者」と
しては困りものです。きっと，**社長も社員の皆さんも，自社製品を使っていな
い，食べていないのではないかと思います。**そうなると，消費者としては「疑
心暗鬼」になってしまいます。何か。この会社の社長さんも社員の皆さんも
「自社の製品を信頼していないのではなかろうか」と。

　「うちの工場で作ったものなんか，危なくて食べられない」のでしょうか。
自社の製品は「食べ飽きた！」という方もいるようです。しかし，それなら
きっと「消費者も食べ飽きています」よ。

　ある時，素晴らしい「飲食店のチラシ」を見ました。何と書いてあったか。

「当店でお客様にお出ししているのは，わが家の子供たちが毎日食べている

第2章　問題解決のチエ

メニューです。

お子様にも安心して食べていただけるメニューをご用意しています。」

　素晴らしい経営方針だと思います。自社の工場で作るのは，「自分や自分の家族が食べる」ということを前提としていれば，「消費期限の過ぎた食材」を使うとか，「一度お客に出したもので残ったら次のお客に出す」，「欠陥があるのを承知で販売する（三菱の車がそうでした）」といったことは起きないのではないでしょうか。まさか，三菱の社員でも，欠陥があることがわかっている車を買って乗ることは，あり得ないと思うのです。

　蛇足ですが，「自社の商品・製品を使わない（食べない）」代わりに，競争他社の製品・商品を使う（食べる）ことは，大事なことです。

　自社の製品・商品しか知らないと，自社製品・商品の「本当の良さ」もわかりませんし，「どこに問題があるのか」もわかりません。ですから，**他社の製品・商品は，積極的に使って（食べて）見るべき**です。

　身近な例で言いますと，コンビニは，「セブン-イレブン」「ファミリーマート」「ローソン」などいくつもありますが，「おにぎり」ひとつ「お弁当」ひとつとっても，味はまるで違います。品揃えもディスプレイも，接客も違います。

　その結果ですが，**「セブン-イレブン」の「1人勝ち」**です。売上げでみますと，「ファミマ」と「ローソン」の合計売上げではセブンに並ぶのですが，純利益となると，2社合計でもセブンの3分の1以下です。どこが違うのでしょうか。

　わが家の近くにもコンビニがいくつもありました。過去形です。でも，いま残っているのは全部セブンです。以前に，ローソンやファミマの店長さんたち

81

に聞いたことがあります（セブンの店長にも聞きました）。「ほかのコンビニは視察（見に行く）しますか」と。どの店長も，「行きません」という答えでした。忙しいんですね，きっと。（もったいない！）

「他山の石」という言葉があります。「反面教師」という言葉もあります（毛沢東の言葉だそうですが）。「売れている店」を覗くのは当然勉強になりますが，「売れていない店」を覗くのもいい勉強になります。

自分の店のほうがよく売れている（お客さんが多い）場合にも，それをスタート点として，(2)なぜ，自分の店に多くのお客さんが来るのか（原因分析）→「もっと多くのお客さんに来てもらうにはどうすればいいか（改善策）→「改善策の実行」→「結果の評価」……というPDCAを回すといいですね。

昔のことですが，三菱グループ（三菱重工，三菱電機，三菱自動車など）の社員教育を担当したことがあります。当時，私は日産の車に乗っていたのですが，社員教育を行う建物に車を乗り入れるたびに，守衛さんから止められました。ここは三菱の車しか入れない，ということでした。社員に自社製品を買わせていたんですね。

私の友人で，本田技研に勤めていた人がいます。彼は，会社から，なんと，「他社の車に乗ること」を推奨されていたというのです。他社の車のいいところも学べるし，自社の製品のいいところも改善すべきところも学べるからだ，というのです。すばらしいですね。

(3) 再 発 防 止

同じ問題を再発させない。「人間は誤りを犯す動物」だそうですが，だからといって同じ失敗を繰り返していたのでは進歩がありません。

第2章　問題解決のチエ

　しかし，**経営の現場では，同じパターンの失敗や過ちを繰り返す**のです。同じ人が同じ過ちを繰り返すのは，最悪です。その人に，その仕事の適性がないのかも知れません。社長や上司は，適性がないとわかった時点で，職務を変えないと，会社にとっても本人にとっても不幸です。

　多くの場合，**他人の失敗から学習**することができます。ですから，**社内で起きた失敗や間違いは，隠したりせずに，他の部門や部署にうまく伝える工夫**をすれば，失敗を繰り返さなくてすむでしょう。ただし，その場合に重要なのは，**問題を起こしたり失敗した特定の人の個人名を伏せて，一般化して伝えること**です。そうすれば，発生した問題とその処理に関する経験や情報を他の部門でも共有することができます。個人の名前を出さないことによって，万が一失敗してもすぐに上司に報告できる雰囲気を作っておくのです。

オズボーンのチェックリスト

　社員が全員そろってPDCAを回しても，なかなかいいアイデアが浮かばないこともあります。**いいアイデアが浮かばない**というのは，きっと，問題解決の方法を全員が**同じ目線・同じ視点から見ている**からではないでしょうか。そんなとき，**目線を変えて無理やりアイデアをひねり出す方法**があります。

　「コストを削る」という課題に，全員が「どこのコストを削るべきか」を考えているとします。でも，視点を変えて，「あそこにもっとコストをかければ，こっちのコストを減らせるのではないか」「営業部隊の接待費を削るのではなく，接待の方法を変えたらどうか」「コストを削るのではなく，コストの使い道を変えたらどうか」……と，発想の転換を図るのです。

　そんなとき，「意表をついた発想」「え！，というアイデア」「そんなのアリ

83

かよ」っていう，通常の発想から思いっきりジャンプしたアイデアが生まれる**方法**があります。

それは「**オズボーンのチェックリスト**」です。

オズボーンは，よく知られた「ブレーンストーミング」の考案者です。ブレーンストーミングとは，「脳（ブレーン）に嵐を起こさせる（ストーミング）」という意味で，参加者全員が「自由に意見やアイデアを出し，思いっきり発想を広げて，そこから「**次の一手**」「**打つべき手**」を見つけ出そう」という手法です。

参加者全員がテーブルを囲んで，テーブルの上に模造紙（Ｂ紙）を置くか，ホワイトボードを用意して，発言内容をすべて書き留めます。全員が小さなポストイットを持って，要点を書いて張っていくのもいいですね。

約束が３つあります。

オズボーンの３つの約束
(1)　質よりも量を重視
(2)　批判しない
(3)　発言は手短に

(1)「**質よりも量を重視**」

賛成者がいるかどうかなど心配しない，説得しようとしない，思いついたことをたくさん口にする。

84

第2章　問題解決のチエ

(2)「批判しない」

　誰が何を言おうと，それを批判したり，根拠や証拠を求めない。賛成であっても，「なるほど」「いいかもしれませんね」程度に抑える。

(3)「発言は手短に」

　できるだけ全員が発言できる雰囲気を作る。進行係（または記録担当者）は，みんなの顔を見ながら，「話したそうにしている人」に発言を促す。

　ここまで読まれてお気づきになったと思いますが，「ブレーンストーミング」は，PDCAを回すときに，「原因分析」や「解決策の模索」で使えるのです。

　「最近，離職者が多くなって困っているんだけど，どうしたらいいだろうか」という問題が出てきたとします。社長さんにも「思い当たる節」があるのではないでしょうか。「そんなことは，従業員には相談できないなー」「給料を上げれば解決しますよ，と言われても困るなー」，とお考えですか。

　でも，給料の多少が問題なのか，仕事の内容が問題なのか，勤務体制が問題なのか，社内の人間関係なのか，家庭に問題を抱えているのか，……聞いてみなければわかりません。

　私も仕事柄，いくつもの会社で仕事をしてきましたが，ある会社では給料はよくない（業界の平均と比較して）けれど，離職者がほとんどいません。別の会社では，給料は業界ではいいほうですが，2－3年で辞める人が多いのです。会社によって，事情が違うということですね。それであれば，「わが社の従業

85

員の声」を聞いてみませんか。

　そのために「ブレーンストーミング」を使うのです。最初から「なぜ会社を辞める人が多くなったのか」をテーマにするとぎこちなくなりますから，手始めに，「次の社員旅行はどこに行こうか」とか「忘年会の企画をしよう」とか，社員の皆さんが自由に発言できるテーマでやるのがいいのではないでしょうか。

　「ブレーンストーミング」の結果，「何が問題なのか」について共通の認識（問題の共有）ができたなら，PDCAを回すことができます。

　「離職者の問題は社内の人間関係にある」ということであれば，→「なぜ，社内の人間関係がよくないのか」（原因分析）→「どうすれば，人間関係を改善できるのか」（解決策）→「解決策の実行」というサイクルを回すことができます。

　話が「オズボーンのチェックリスト」からだいぶ離れたようですが，実は，「ブレーンストーミング」と「オズボーンのチェックリスト」は「友だち」なのです。何せ，「ブレーンストーミング」を発案したのも「オズボーンのチェックリスト」を発案したのも，同じオズボーンさんですから。

　では，オズボーンのチェックリストをご紹介しましょう。これは，なかなかアイデアや解決策が出てこないときに，正攻法で攻めるのをやめて，がむしゃらに画期的なアイデアや創造的な解決策をひねり出す方法です。多少，アレンジして紹介します。

第2章　問題解決のチエ

オズボーンのチェックリスト
(1)　転用できないか（Put to other uses ？）
(2)　応用できないか（Adapt ？）
(3)　修正・変更できないか（Modify ？）
(4)　拡大できないか（Magnify ？）
(5)　縮小できないか（Minify ？）
(6)　代用できないか（Substitute ？）
(7)　配置換えしたらどうか（Rearrange ？）
(8)　逆にしたらどうか（Reverse ？）
(9)　組み合わせたらどうか（Combine ？）
(10)　取り除いてみよう（Eliminate ？）
(⑽は，ボブ・イバールが追加したもの)

⑴ **転用できないか（*Put to other uses ？*）**

――他に使い道はないか。改善・改良したら新しい使い道・使い方ができない
か。
――他分野で適用できないか。

⑵ **応用できないか（*Adapt ？*）**

――他に似たようなものはないか。過去に同じようなものはないか。なにか真
似できるものはないか。

87

(3) 修正・変更できないか（Modify ？）

——順番・形・色・動きなどを変えてみる。音，匂い，スタイル，型，目的を変えることはできないか。

——時間，場所，置き方，形態を変える。

——「すしのこ」ってご存知ですか。本来，「酢」は液体ですが，液体の酢は扱いが面倒です。それを，**タマノイ酢**という会社が「粉末」にして（形を変えて）販売しています。これは便利です。お試しあれ。

(4) 拡大できないか（Magnify ？）

——何か加えることはないか。より強く，高く，長く，厚くする。時間を長く，頻度・強度を高くする。

——パソコンも携帯電話も，この戦略で市場を拡大しました。

(5) 縮小できないか（Minify ？）

——もっと小さくできないか。もっと軽く・短く，薄く，弱く，低くする。時間を短く，頻度や強度を下げる。

——「もっと小さく」は，**ソニー**の伝統的な戦略です。「トランジスタ・ラジオ」「CD」「ウォークマン」などは，**小さく，薄く，軽く**が商品開発のキーだったのではないでしょうか。

——強度を下げるということでは，面白い話があります。**YKK**（旧吉田工業株式会社）といえば「ファスナー」で有名です。Gパンにも，カバンにも，財布にも，あらゆるところに「YKK」マークが光っています。そのファスナーですが，同社では，1万回の使用（開閉）に耐える強度の製品を作っていたそうです。でも，同じGパンのファスナーを1万回も上げ下げするほど長く履く

第2章　問題解決のチエ

ことはないと考えて，強度を下げたという話を新聞で読んだことがあります。
それで随分，コストを削減できたのではないでしょうか。

(6)　代用できないか（Substitute ?）

——他の素材・原材料で代用できないか，他に誰かいないか，場所・時間・工
程・手順を変えられないか。例：アウトソーシング，BPOなど。

(7)　配置換えしたらどうか（Rearrange ?）

——工場やオフィスの配置を変えたらどうか，原因と結果を逆にできないか，
他のパターンは使えないか。例：オフィスのフリーアドレス

(8)　逆にしたらどうか（Reverse ?）

——向きを逆にする，上下をひっくり返す，左右を変える，後ろ向きにする。
——順番を変える，役割を変える，担当を変える。
例：上司の役割と部下の役割，背中合わせの職場と向かい合わせの職場，隣合
わせの職場，上司をオフィスの奥の席から出入り口に移動

(9)　組み合わせたらどうか（Combine ?）

——組み合わせを変える，意外なものを組み合わせてみる，ブレンドしてみる，
アイデアを組み合わせてみる，2つの目的を組み合わせる。
——わかりやすい例：コンビニの弁当売り場には昼近くになるとお茶が置かれ
る，イチゴ売り場にシロップを置く

　オズボーンのチェックリストの方法を，ボブ・イバールという人が改良した

89

SCAMPERという質問リストがあります。その中では，次の発想法が追加されています。

⑽ **取り除いてみよう（Eliminate ？）**

——私たちが使っているパソコンやスマートフォンは非常に多機能に作られていますが，ほとんどの人はその機能の１％か２％しか使ってないのではないでしょうか。使わない機能を大幅に削れば，もっと付け加えたい機能（チェックリストの４）やメモリーの増大（リストの３）ができそうです。
——機能を大幅に削れば，ずっと軽くなりますし，薄くもできそうです（リストの５）。

　上のほうで，PDCAを回すときのルールとして，

⑴　どんな提案も決して否定しないこと
⑵　どんな提案も放置しないこと

を紹介しました。

　オズボーンも，ブレーンストーミングの基本的なルールとして，次の４つを上げています。

ブレーンストーミングのルール
⑴　質より量
⑵　批判禁止
⑶　役に立たないアイデア大歓迎
⑷　アイデアを組み合わせて発展させる

第2章　問題解決のチエ

　普通，ブレーンストーミングはグループでやります。グループでする以上，全員が1か所に集まるわけですから，時間的にも，場所的にも，人員的にも制約があります。全員が集まれる時間は限られているでしょうし，あちこちから集まるのも大変です。

　もう1つ，ブレーンストーミングは「批判は禁止」というルールがあるために，逆に言いたいことが言えないという状況になりがちです。つまり，自分で発言する前に，「こんなことを言ったら笑われるかな」とか「この案は〇〇さんの案と対立するかな」と考えたりして，「自分で自分のアイデアを批判」してしまうのです。

1人ブレーンストーミング

　そんなとき有効なのが，「1人でするブレーンストーミング」です。テーマを決めたら，各自が好きな時間に，好きな場所で，アイデアを紙に書きつけるのです。

　みんなのアイデアを寄せ集めて，それからグループが集まって，PDCAを回すのです。

　それでは社長さん，さっそく「わが社のPDCA」を回してみませんか。「わが社の問題」が共有されているとお考えの場合でも，最初に，「うちの，一番の問題は何だろうか？」という問いを全社員に向けて投げかけてみるのです。

　社長さん，後は社員の皆さんの議論をニコニコしながら聞くことにしましょう。

91

「社長，それは言うまでもないでしょう」とか「人じゃないですか。若い人が来ないですから」とか，「売れないからなー」とか，「残業，なんとかなりませんか」とか，「製品開発が遅れていますから」……いろいろな意見が出そうです。

　従業員という立場からの問題意識（従業員の視点）と事業経営の問題点（経営者の視点）とは違いますから，そこは整理して，**「働く場としての，わが社の問題点は何か」**と**「事業体としての，わが社の問題点」**を分けて考えるのもいいでしょう。

　社員の皆さんからいろいろな指摘があると思います。社長さんにしたら，ちょっと耳が痛い話も出てくると思います。そこは，しばらく我慢してください。

　何度かミーティングや呑みにケーションを重ねているうちに，「一番の問題は何か」，「２番，３番の問題は何か」「営業部の一番大きな問題は何か」「製造部門の大きな問題は何か」……が浮かび上がり，社員の間で**「共有化」**されてきます。

　全社的に取り組むべき問題や各部門が取り組む問題が共有化されてきたら，社長さんは，ひとこと，**「PDCAを回そう！」**と言って，後は社員のみなさんに任せてしまうのです。

　きっと社員の皆さんは，ゲームを楽しむがごとく，

原因分析→解決策→実行

というサイクルに取り組むことと思います。

第2章　問題解決のチエ

　PDCAを回すだけでは社員の皆さんが乗ってこないかもしれません。そこで，全社（あるいは部門，工場，支社など）で取り組むような雰囲気を作ることも大事です。**アイデアコンテスト**もいいでしょう。採用されたアイデア，面白いアイデア，意表をつく提案には，**「社長賞」**でも**「工場長賞」**でも出すのです。たとえ千円の賞品でも大喜びするのは間違いありません。費用効果は抜群です。

　突拍子もないアイデアや大きな笑いを呼ぶような提案には，**「わが社のノーベル賞」**を出すのもいいのではないでしょうか。要は，全社上げて，誰もかもが問題に取り組む雰囲気を作ることが大事だと思います。

　では，どんな「賞」がいいか，ひとつPDCAを回して見ましょうか。

93

第3章
全員参加のコストダウン
──やってはならないコストダウンもあるのです

　売上げを伸ばすのは大変ですし，営業以外の社員には協力しようがありません。その点，コストダウンは，社長さんもパートの方も，全社員が参加できます。

　「やってはいけないコストダウン」もあります。「社員のやる気をそぐコストダウン」「性能・品質や安全の低下を招くコストダウン」は逆効果です。ですから，「あれもこれもコストダウン」とか「一律10％コストダウン」ではなく，「一点集中コストダウン」が良いのです。

　本章では，社員の皆さんの全員が喜んで取り組むコストダウンを紹介します。

資本の効率

　経営の成果は，端的に言って，その期間の利益（**営業利益**または**経常利益**）に現れます。利益の額は，いわば期末試験の後につけられる**「総合点」**みたいなものです。ただし，金額（点数）が多ければよいというものでもなく，他の会社と比べて少ないからと言って悪いわけでもありません。

　試験の成績が相対評価（クラスの中での位置づけ）されるように，**事業の効率は使用した資本の額と対比して評価**されます。使用した資本とは，その期間を通して使った設備や棚卸資産，現金などの合計額（使用総資本）をいい，これらの資本がどれだけ有効に活用されたかを次の算式で計算します。

資本の効率を測るものさし

$$資本利益率＝\frac{利益}{資本}×100\%$$

　たとえば，わが社が当期に使用した資本（これは貸借対照表の左側（資産の部）の金額です）が，100であったとします。当期に，20の利益が出ました。すると，次のように計算されます。

$$わが社の資本利益率＝\frac{利益20}{資本100}×100\%＝20（\%）$$

　計算式で100を掛けています。これは，計算された結果をパーセント（％）で示すためで，20を100で割りますと0.2という答えになりますが，これを100

第3章　全員参加のコストダウン

倍して，20％とするのです。そうすれば，銀行の利子率などと同じ表示になり，比較するのが簡単になります。

　ところで，同業のB社が，今年，資本として150使い，利益が24あったとします。わが社よりも，資本が50多く，利益も4多いのです。では，わが社よりもB社のほうが成績がいいのでしょうか。資本の効率を計算してみましょう。

$$
B社の資本利益率 = \frac{利益24}{資本150} \times 100\% = 0.16（16\%）
$$

　B社は，資本も利益もわが社より大きいのですが，この計算をしますと，資本の効率（資本が利益を生み出す力）はわが社のほうが上だということがわかります。

　この**資本利益率**は，経営の成果を，他社や過去の期間（たとえば前年度）と比較して，今年のわが社の成績を「**相対評価**」するものです。前期（あるいは同業他社）と比べて比率が落ちていれば，第2章で紹介したPDCAの手順を使って，「なぜ，資本利益率が落ちたのか（原因分析）」→「どうしたら改善できるか（解決策）」→「解決策の実行」というプロセスをたどってみるのです。

　では，**資本利益率を上げる**にはどうしたらいいでしょうか。この比率を上げるには，

(1)　**分子の利益を大きくするか**
(2)　**分母の資本を小さくするか**

どちらかです。

97

資本利益率を上げるには
$\dfrac{利益}{資本}$　←大きくする 　　　　←小さくする

売上げの増進かコストの削減か

　それでは，利益を大きくするにはどうしたらいいでしょうか。利益は，次式のように，当期の収益（売上高）の額から費用の額を差し引いて計算します。

利益の計算式
当期純利益＝当期の収益の額－当期の費用の額

　この式から明らかなように，当期の利益を大きくするには，

⑴　収益（売上高）を大きくする

⑵　費用を小さくする

⑶　収益の増大を図りつつ，費用の削減に努力する

という，３つのルートがあります。

利益を大きくするには
当期の収益　　－　　　当期の費用　＝　当期純利益 　　　　↑　　　　　　　　　↑ ⑴　大きくする　　⑵　小さくする ⑶　収益を大きく，費用を小さくする

98

第3章　全員参加のコストダウン

(3)のルートが一番成果が大きいことは十分に予想されます。しかし，あえて，(1)（収益の増大）か　(2)（費用の削減）のうちどちらかを重点的な目標とするとすれば，売上げの増大を目標とすべきでしょうか，それとも，費用の削減を目標とすべきでしょうか。

売上げを増大するには

売上げの増大を図るには，顧客に喜ばれるような製品を作り（またはそうした商品を仕入れ），その商品の存在や良さを知ってもらうために広告宣伝活動を行い，購買意欲を高めるようなディスプレイを施し，商品知識が豊かな店員が愛想よく接客し，販売後も質のいいアフター・サービスを提供する，といった努力を払わなければなりません。

すなわち，**売上高を増やすには，製造部門，仕入れ部門，広告宣伝部，販売部などが総力を挙げて取り組む必要がある**のです。

しかし，実際の企業活動においては，たとえば，社長や営業部長が，翌年なり翌月の「売上高目標」を高々と掲げても，その**目標に向かって努力するのは，ほとんどの場合，営業部門だけ**と言ってよいでしょう。

売上げを伸ばすのは営業部門の仕事

売上げを伸ばそうとしても，お客様と直接に接する機会のない人たちは打つ手がないのです。仕入れを担当する人たちも，製造の現場で製品を組み立てている工員さんも，売上げの増大に直接に貢献しようにも方法がないのです。

99

間接的には，高品質の原料を仕入れるとか，ニーズに合った製品を開発するとか，何とか貢献できるにしても，直接的な（目に見える形）の貢献は難しいのです。「次期の売上高　目標15億円！」などとスローガンを掲げられても，工場で製品を組み立てている工員さんにとっては，ただ仕事が増えて忙しくなるだけのことかもしれないのです。

　会社には，このほかにも，従業員の給料を計算したり決算を担当する**経理課**の人たちもいますし，採用人事や新入社員教育などを担当している**人事課**の人たち，文書管理や社長のスケジュール管理を担当している**秘書課**の人たち，**社員食堂のおばさんや守衛さん**など，たくさんの人たちが働いています。こうした人たちは，どういう形で「売上げの増大」に貢献できるでしょうか。

　利益の増加を図るために売上げを伸ばすといっても，実際には，**営業（販売）を担当する人たちを除くと，ほとんどの人は直接的な貢献はできない**のです。社長さんであっても，「がんばれ！」「あともう少しだ。気を抜くな！」といったエールを送るくらいしかできないのです。

コストダウンは誰にでもできる！

　では，もう１つの利益増加策である**「費用の削減（コストダウン）」**はどうでしょうか。

　収益（売上高）は商品が売れるたびに目に見えて増加しますが，そうした販売努力は，上に述べましたように，販売部門・営業担当者が集中的に行うしかありませんでした。

　ところが，「費用の削減（コストダウン）」は事情が違います。**費用は，企業**

第3章　全員参加のコストダウン

活動のあらゆる場面で発生します。言い換えますと，社員の誰かが何かをすれば，必ずなんらかの費用が発生するのです。

　朝一番に出社した守衛さんが玄関の明かりをつければ**「電気代」**，仕事の打ち合わせのために取引先に電話すれば**「電話代」**，得意先を訪問すれば**「交通費」**，注文書や領収書を送れば**「郵送費」**，人を雇えば**「給料・手当」**，来客があれば**「お茶代」**，食事時に会議を開けば**「会合費（中身は昼食費）」**，銀行からお金を借りれば**「支払利息」**……企業活動には必ず費用（コスト）がついて回るのです。

　それだけではありません。総務課や経理課には，事務机，いす，パソコン，コピー機，ファックス，電話，来客用の応接セット，たくさんの書類やファイリングのケースといった設備や，コピー用紙，筆記具，メモ用紙，のり，付箋，紙，お茶……数えきれない消耗品が必要です。

　工場では，工作機械，原料・製品を運ぶための車両やフォークリフト，作業用ロボット，空調設備，倉庫などのほかに，作業衣，安全靴，ヘルメットなども必要です。24時間操業する工場の場合は，仮眠室の設備，入浴設備などが用意されることもあります。

　これでおわかりのように，**費用（コスト）は，企業活動のあらゆる場面で，いつでも，どこでも，誰にでも，何をしても，発生する**のです。

　ということは，そうした費用・コストは，いつでも，どこでも，誰でも，何をしても，直面するのですから，その場にいる人は，**誰でも，削減できる可能性がある**，ということです。

　ちょっと工場の中を見回してみましょう。明るい窓際の電灯がつけっぱなし

101

になっていませんか。明るいうちは消灯しても作業に支障は出ません。流れ作業が停滞してぼんやり待っている工員はいませんか。**ボトルネック**（作業が詰まっているところ）を解消すれば，工員さんの賃金も無駄になりません。水道の水がボタ落ちしているところはありませんか。空調が働いているのに開けっ放しのドアはないですか。

オフィスはどうですか。小さな請求書を送るのに大型の封筒を使っていませんか。2つか3つに折りたたんで小さな封筒に入れれば，封筒代も送料も安くなります。冷暖房が効きすぎていませんか。誰も読まない業界誌を購買していませんか。歩いて10分もかからない銀行に行くのに車を出していませんか。

もう一度言います。

コストは，いつでも，どこにでも，何をやっても発生します。誰もが，コストを使っているのです。ということは，ちょっと工夫すれば，**誰でも，どこでも，いつでも，コストダウンできる**ということです。

ところが，多くの場合，コストは即座の現金支出を伴いませんし，支払うのはコストを使う人ではなく，経理課とか出納課の人たちですので，**コスト意識**を植え付けるのは難しく，とかく**使いすぎやムダ遣い**になりがちです。

でも，こう考えることはできませんか。

「社長さん！　社員がコストをムダ遣いすることは，会社の財産が減ることです」

「社員の皆さん！　皆さんが費用をムダ遣いしますと，あなたの給料を減らすことになるのです」

第3章　全員参加のコストダウン

コストダウンには乗数効果がある

では，コストダウンの経済効果について考えてみましょう。

　いま，売上高が1,000億円，売上原価と販管費の合計が950億円，営業利益が50億円という会社があるとします。売上げに占める営業利益の割合（売上高営業利益率）は，5％です。

売上高1,000 － 営業費用950 ＝ 営業利益50

売上高営業利益率 ＝ $\dfrac{営業利益50}{売上高1,000}$ ×100（％）＝ 5％

　この会社が，営業利益を2倍の100億円にするには，どうしたらいいでしょうか。上で述べましたように，**利益を増やすには，**

(1)　売上げを伸ばす
(2)　コストを削減する
(3)　その両方を実行する

という3つのルートがありました。

103

利益を2倍にするには

では，(1)の「売上げを伸ばす」というのはどうでしょうか。単純に考えて，売上高を現在の2倍にしないと，利益は2倍になりません（実際には，**損益分岐点**の計算をしなければ，利益を2倍にするときの売上高がいくらになるかはわかりませんが）。

いまの時代，前期の売上高を維持するのも大変なのに，それを2倍にしようとすれば，よほど粗利を無視して価格を下げないと無理です。そんなことをしたら，売上げは増えるかもしれませんが，利益は大幅に減るでしょう。**売上げを増やしても利益が増えるとは限らない**のです。

では，(2)の「コストを削減」して利益を2倍にするというのはいかがでしょうか。

これには，売上原価と販管費を950億円から900億円に減らせばよいのです。なんと，コストを5％強（50÷950＝5.26％）減らすだけでよいのです。**コストは減らした分だけ利益が増える**のです。

計算してみましょう。営業費用を950億円から900億円に，5％ほど減らすとします。

売上高1,000 － 営業費用（950－50）＝ 営業利益100

売上高営業利益率 ＝ $\dfrac{営業利益100}{売上高1,000} \times 100（\%）＝ 10\%$

第3章　全員参加のコストダウン

　どうですか。営業費用を５％ほど減らすと，利益は２倍になりました。利益を２倍にするために(1)売上げを２倍にするのと，(2)コストを５％ほど減らすのと，どちらが達成可能でしょうか。

　売上げを伸ばすことで利益を２倍にしようとしますと，売上高も２倍にしなければなりません。**費用を削減して利益を２倍にするには，費用を５％ほど減らせばよいのです。**

　この会社の場合，売上高を10％（100億円）増やしても，利益は５億円，利益率はわずか0.4％しか伸びません。

売上高1,100－（営業費用950＋95）＝営業利益55

$$売上高営業利益率＝\frac{営業利益55}{売上高1,100}×100（\%）＝5.45\%$$

　ところが，**費用を１％（9.5億円）削るだけで，利益も同じ額だけ増え，**利益率は５％から６％に上昇します。２％（19億円）削減すれば，利益も19億円増えますし，利益率も７％近くに伸びます。

売上高1,000－（営業費用950－19）＝営業利益69

$$売上高営業利益率＝\frac{営業利益69}{売上高1,000}×100（\%）≒7\%$$

　この会社では，**コストを５％ほど削減すれば，利益は２倍になる**のです。しかも，上で紹介しましたように，コストダウンは，誰でも，どこでも，何にでも，できるのです。

105

社長さん，社員の皆さんの前で，

「コストダウンで利益が2倍になったら，ボーナスを弾むぞ！」

と宣言してみてください。きっと，社員の皆さん，目の色を変えてコストダウンに取り組むでしょう。今年中に「目標達成」間違いなしです。

コストダウンは，「魔法の杖」みたいなものです。何よりも素晴らしいのは，**コストダウンには「お金がかからない」**ことです。

コストダウンの基本的な考え方

コストダウンには，後で紹介するように，一般的な方法として確立しているものもありますが，多くの場合，会社ごとに，現場ごとに，作業の1つ1つについて，各自が工夫することが大事です。**「コストダウンの基本的な考え方」**を次の頁にまとめてみました。

この「基本的な考え方」をポスターにして，机の上とか社員食堂の壁とか，工場のあっちこっちに貼っておくのもいいですね。皆さんが，「どうすればコストダウンできるか」を考えるヒントになるのではないでしょうか。

PDCAのところで書きましたが，コストダウンを検討するための呑み会を開いてもいいですね。たとえば，事務部門であれば，「不要な書類を作っていないか」とか「モノの消費（コピー用紙などの消耗品）を減らせないか」といったテーマで話し合い，**削減目標を設定→具体策の策定→計画の実行→効果の評価**というPDCAを回すのです。

106

第3章　全員参加のコストダウン

コストダウンの基本的な考え方

・時間を削減できないか

・機械化・自動化できないか

・モノの消費を削減できないか

・共同使用，共有化，共用化できないか

・転用できないか

・自製・内製できないか

・外注化・アウトソーシングできないか

・もっと長持ちさせられないか

・廃物を出さない・廃物を利用することはできないか

・まとめ買い（またはその逆）

・安く買うことはできないか

・レンタルやリースで済ませられないか

・作業をもっと単純化できないか（省略できないか）

・郵便料金や宅配便のコストを下げられないか

・不要な書類を作ってないか

・会議の資料は本当にコピーが要るのか

・それって，本当に必要なのか

・それって，本当にいまやらなければならないのか

・形（固形，液状，エアゾール……）を変えてはいけないのか

・お客様の望む以上の「高品質」（高コスト）になっていないか

・本当に残業は必要なのか

・昼の会議に出す弁当は，本当に必要なのか

・冷蔵庫に今日の「冷茶」だけでなく，３日後の「冷茶」も冷やしていないか（最近の冷蔵庫は，庫内の内容物の量にあわせて働いているそうです）

・在宅勤務やSOHOで済ませられないか（通勤費も通勤時間も不要になる）

107

PDCAを回しているうちに，別の問題に気がつくこともあります。そのときは，もう１つPDCAを回すプロセス（手順）を用意するのです。提案した解決策が１つでも２つでも実行に移されれば，社員の皆さんの顔が生き生きしてきます。

なにせ，自分の提案が取り上げられたのです。自分が率先して実行に移すでしょう。普段はあまり話をしなかった人が，話の輪に入ってくる効果もあります。他の会社に勤務した経験の長い人から，「以前勤めていた会社じゃ，こうしてたよ」といった話を聴くこともできます。

コストダウンには「理由」が要る

会社全体で取り組むコストダウンには，「理由」が必要です。上から，やみくもにコストダウンを押し付けても，社員の皆さんの反発を買うだけです。うわべではコストダウンに取り組んだような顔をしても，真剣に取り組もうとしないかもしれません。

社員の皆さんには，**コストダウンする目的**をしっかり説明して，納得してもらわなければなりません。理由もはっきりしないと，「何だ，社長のサイフを重くするためか」と誤解されてしまいます。

そこで，たとえば，**損益分岐点のグラフ**を示して，次のように話してみてはいかがですか。

「わが社（当部門）はいま，損益分岐点でいうと，95％のところにある。少し売上げを増やせば採算に乗るが，いまの時代にはなかなか難しい。だけど，固定費を１％か２％削ることができれば，採算が取れそうだ。みんなで挑戦し

第3章　全員参加のコストダウン

てみようじゃないか」

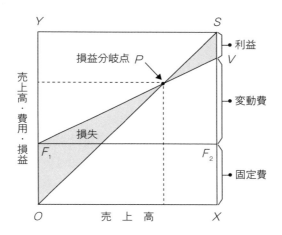

　ちなみに，分岐点が95％というのは，損益がとんとんのときの売上高が100としたとき，いまの売上高が95％で，あとちょっと売上げが増えるか，費用が減れば，利益が出るということです。そこで損益分岐点の図を示して，次のように提案してみるのです。

「このところ，販売活動が活発なので販管費もかさんできたが，売上高販管費率を8％に抑えて分岐点を下げよう。」

　あるいは，売上高に占める販管費の割合が大きくなってきたことを計算式で示して，

「このところ，販売活動が活発なので販管費もかさんできたが，無駄と思われるものを削って，売上高販管費率を昨年並みに，8％に抑えよう。」

と提案して見てはいかがでしょうか。要は，目標を**「見える化」**するのです。

「理由」の代わりに「目標」を掲げてもいいでしょう。

　3つの損益分岐点の図をみてください。**AとBは固定費が同じですが，A**に比べて**Bは変動費の増え方（変動費率）がゆるやかなので，損益分岐点（P点）が下がっています。**売上げが増えなくても利益が出るようになります。

　AとCを比べてみてください。**Aに比べてCは，固定費を減らしています。**変動費の増え方は変わりませんが，固定費を減らすと損益分岐点が下がって，利益が出るようになるのです。

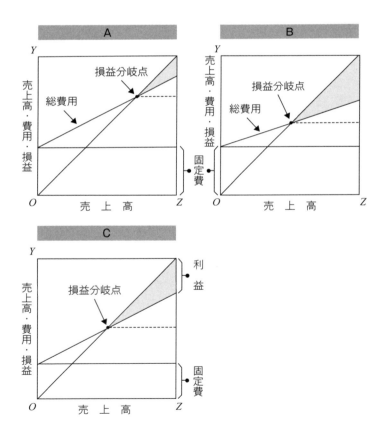

第3章　全員参加のコストダウン

やってはいけないコストダウン

　コストダウンは，いい面だけではありません。マイナス面もいろいろあります。

　1つは，コストダウンを進めるにつれて，会社が「縮小均衡」「小型化」に向かう危険があることです。「コストを削れ！」「無駄を省け！」が進行しますと，「金のかかることはするな！」「早く投資を回収しろ！」という声に押されて，経営の現場が次第に「短期志向」になり，「リスクをとらない」「即効性のあるコスト削減を強制する」ようになります。

　何が何でも「コストを削ればいい」わけではありません。

「社員の士気・意欲が低下するようなコストダウン」は，逆効果です。

　もう1つ，やってはならないコストダウンがあります。

「品質・性能・安全に関わるコストダウン」

です。これは言うまでもないことです。ただ，上でYKKのファスナーのことを紹介しましたが，「過剰な高品質」なら見直す必要があります。パソコンやスマートフォンの場合も「過剰な機能」の見直しが必要な気がします。

111

効果的なコストダウン──的を絞る

　コストダウンの方法ですが，効果的なのは，**コストの中で１番大きい項目に絞ってコストを削減する**ことです。ただし，**人件費と品質・性能・安全に関わるコストは対象外**です。

　大きい費目は業種によって違いますから，わが社の置かれている状況を考えて，たとえば，流通費（運送費）に的を絞るとか，エネルギー費（電力，ガス，石油）に的を絞る，原材料費をターゲットにする，といったやり方が効果的です。

100万，200万のコストダウンなら，やらないほうがいい

　紙のムダ遣いを減らすとか事務室の明かりをこまめに消す，…といったコストダウンは，社員の**コスト意識**を高めるにはいいのですが，**コストダウン効果**としてはあまり期待できません。

　たとえば，コピー用紙の質を落とす（再生紙を使う）とか，エアコンの設定温度を夏は28度にするとか，いろいろ工夫するのはいいのですが，それで作業能率が落ちたのでは意味がありません。それで削減できるコストも数百円か数千円でしょう。

　ターゲットにするのは，総費用に占める割合か金額の大きい費目です。

　月に3,000万円のエネルギー関連費用が掛かっているとしたら，１％の削減で30万円，５％で150万円，うまく10％減らせたら，月に300万円（年にして

第3章　全員参加のコストダウン

3,600万円！）の増益になるのです。コストダウンは，「あれもこれもコストダウン」ではなく，「一点集中コストダウン」が効果的です。

最悪のコストダウン

　会社の現場を見ていますと，「何が何でもコストダウン」，「あれもこれもコストダウン」という取組みが目につきます。その中でも**「最悪な取組み」**は，**「一律，10％削減！」**といった取組みです。

　上で書きましたように，**「削ってはならないコスト」**があるのです。「何がなんでも一律10％削減」をやってしまうと，「やってはならないコストダウン」に取り組むことになりかねません。社員のやる気をそいだり品質を落としたり，逆効果になることもあるのです。

再び，オズボーンのチェックリスト

　第2章で，「オズボーンのチェックリスト」を紹介しました。問題を発見したり，その原因を探したり，解決策を考えるときにPDCAを回しますが，特に解決策を考えるときに**「アイデアをひねり出す方法」**でした。

113

オズボーンのチェックリスト
(1)　転用できないか
(2)　応用できないか
(3)　修正・変更できないか
(4)　拡大できないか
(5)　縮小できないか
(6)　代用できないか
(7)　配置換えしたらどうか
(8)　逆にしたらどうか
(9)　組み合わせたらどうか
(10)　取り除いてみよう
((10)はボブ・イバールが追加したリストです)

　「コストを削る」という問題に取り組むときにも，このチェックリストは使えます。全員が「どこのコストを減らすべきか」を考えているとします。なかなかいいアイデアが浮かばない……そんなときに，視点を変えて，「あそこにもっとコストをかければ，こっちのコストを減らせるのではないか」(リストの7) とか，「営業部隊の接待費を減らすのではなく，接待の方法を変えたらどうか」(リストの3) ……と，**発想の転換を図る**のです。

　「コストダウン」という言葉にとらわれますと，**「削る，減らす」**ということに気が向いてしまい，発想が狭くなってしまいます。

　エネルギーコストをターゲットにするとしましょう。真っ先に，エネルギー消費量の削減 (リストの5) とか安い代替エネルギーへの転換 (リストの3と6) というアイデアが出てきます。

第3章　全員参加のコストダウン

オズボーンのチェックリストを眺めていますと，さらに「エネルギーを組み合わせたらどうか」（リストの9），「排ガスを暖房に使えないか」（リストの1），「エネルギー消費量の少ない機械に換える」（リストの3），「エネルギー消費量の多い部品はアウトソーシングする」（リストの10），……いろんなアイデアが出てきそうです。

これも，最初は少人数の社員の方だけでもかまいませんから，缶ビールでも飲みながら，わいわいやってみるといいと思います。記録係を決めて，**アイデアをメモしておくこと**をお忘れなく。

次なる課題は「在庫管理」

それでは，コストダウンの技法の中で，最も体系的な技法として有名な「在庫管理の技法」を紹介しましょう。この技法は，商品・原材料などの在庫を，「低コスト」で，「欠品（品切れ）を起こさず」に管理するものです。

基本的な考え方は，**「在庫は，必要なときに必要なだけ保有する」「不要な在庫は持たない」**ということです。不要な在庫（商品や原材料など）を持つとコストがかさむだけではなく，在庫が陳腐化したり劣化したり，商品であれば売れなくなるとか，原材料なら変質・変色して使えなくなることもあります。

特に最近のように，商品・製品の品質管理が強く求められるようになりますと，たとえば食品であれば，つねに鮮度の高い材料で，衛生的な工場で作ったものを，安全な流通経路でお客様のところへ届けなければなりません。

どれ1つとっても多額のコストがかかる話です。そこで，以下では，そうした「（製品・商品の）品質管理」とともに重要な「在庫管理」の技法を紹介し

115

たいと思います。

なぜ在庫管理が重要か

どこの家でも，トイレット・ペーパーとか，米，灯油，常備薬などの「買い置き」があります。毎日のように使うことがわかっている物は，一定量（たとえば，1か月分とか半年分とか）をストックしておくのが便利だからです。その日（週）に必要な分だけ買いに行くというのは，野菜や魚のような生鮮食品に限られるでしょう。

企業でも，普段の経営活動に必要な物は，通常，**一定量の在庫**をもっています。コンピュータ用消耗品，コピー用紙，事務用品，切手・収入印紙，商品サンプル，商品カタログ，包装紙，接客用のお茶・コーヒー……数え切れないくらいの在庫をもつのが普通です。

企業の場合，在庫の中で最も重要なのは，**商品・製品・原材料**などです。どれだけ魅力的な店舗を構えていても，売る商品が品切れというのでは，せっかくの販売チャンスを逃してしまいます。きっとお客様（消費者）は他のお店に移って行って，帰ってこないかもしれません。

どれだけ最新鋭の機械と優秀な工具をそろえた工場を作っても，製品を作るための原材料を切らしてしまっては，生産ラインを止めるしかありません。**一定量の在庫を持つことは，企業経営を円滑に行ううえで避けられない**のです。

だからといって，商品や原材料を無制限に買い置くことはできません。在庫は場所をとるし，商品によっては**流行遅れやたなざらし**にあうこともあり，原材料が腐敗したり品質が低下したりすることもあります。さらに重要なことは，**在庫は，資本を寝かせてしまい，金利コストや在庫維持コストがかかる**ことで

116

第3章　全員参加のコストダウン

す。

　そこで，企業は，最も効率的な在庫のあり方を工夫するのです。基本的な考え方は，**必要なときに必要なだけの在庫を保有すること，不要な在庫は持たないこと**，です。簡単なようでこれが難しいのです。

　本章では，こうした在庫管理の基礎を学ぶことにします。なお，在庫管理には，在庫の品質管理や欠品予防といった伝統的な技法から，**トヨタ自動車**が導入したことで知られる**ジャスト・イン・タイム**生産の**「かんばん方式」**，さらには，コンビニエンス・ストアなどが活用している**POS**（POINT OF SALES，販売時点情報）などがあります。

　本章ではこれらの技法のうち，**過去のデータを使った統計的な在庫管理の技法**をいくつか紹介し，会計の技法がどのように活用されているかを学ぶことにします。

どのような在庫をどのように管理するか

　一口に在庫といっても，1個5円とか10円のねじ・くぎから，1台数千万円・数億円もする精密機械や医療器具などもあります。在庫管理にとって，必ずしも，高い物が重要だというわけではありません。自動車の組立て工場において，1個5円かそこらのねじが欠品したからといって，それなしで車の組立てをするわけにもいきませんし，組立てラインを止めるというのも大きな損害を招きます。

　1台数千万円もする精密機械は，売れれば大きな商売になるし，企業にとっては大事な在庫ですが，この商品が2年か3年に1台しか売れないというので

117

あれば，在庫として保有する意義は大きくはないでしょう。

　どういう在庫が在庫管理上重要であるかは，在庫の単価ではないということがこれでわかります。では，どういう在庫を重点的に管理すればよいでしょうか。この疑問に答える方法として，次に述べる**ABC分析**（ABCD分析，XYZ分析などともいう）があります。

ABC分析による重要品目の選定

　街のあちこちにあるコンビニでさえ，1店舗で3千から4千種類の商品を扱っているといわれます。少し複雑な製品を作っている工場などでは，数万点を数える部品や材料を在庫として保有しているでしょう。しかし，すべての在庫を同じように管理したのでは，コストばかりかかって効率が悪くなります。

　そこで，**少数の品目で売上金額（工場であれば出庫金額）が大きな品目**と，**品目は多いが売上金額（出庫金額）は小さい品目**，その中間の品目，というように，取扱い品目を3区分するのです。この区分は，企業によっては，2区分になったり（この場合は，AB分析という），4区分になったり（この場合は，ABCD分析）します。

ABC分析

　ABC分析を行うには，最初に**パレート図**という累積グラフを描きます。イタリアのパレート（V. Pareto）という経済学者は，19世紀の終わり頃に，国民の所得が均等ではなく，少数の富める者とそうでない多数の者がいることを数式で示しました。**パレート法則**といいます。その後，アメリカのローレンツ（M.C.Lorenz）という経済学者が，20世紀に入って，パレートの理論を図で

第3章　全員参加のコストダウン

表すことを考案しました。これがパレート図です。**ローレンツ曲線**とも呼ばれています。

　所得階層別に区分した各階層の所得額が総所得額の何パーセントを占めるかを計算し，また，各所得階層の人員が全人口の何パーセントを占めているかを計算します。縦軸に，所得の累計を，横軸に人員の累計をとって，所得の多い順に並べてグラフ化すると，次のような**不均等分布線**が描かれます。

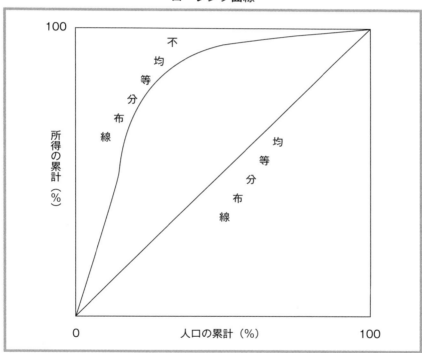

ローレンツ曲線

　この図からは，国民の所得のうち，かなりの部分は極めて少数の金持ち階級にもっていかれ，大多数の国民は残りのほんの少しの所得を分け合っているこ

とがよくわかります。

その後，このローレンツ曲線を在庫管理に応用し，**重要な在庫とそうでない在庫を分類する技法**として使い始めました。これが，**ABC分析**です。

ABC分析をするには，データが必要です。いま，ある家庭電器メーカーの取扱品目が20品目，その品目ごとの過去１年間の使用実績（費消高）が次のようであったとします。

家電メーカーの取扱品目

品番	品目名	品目の累積%	使用実績（億円）	金額%	累積の%
1	珪素銅板	5	304	20.5	20.5
2	普通銅板	10	180	12.1	32.6
3	銑鉄	15	145	9.7	42.3
4	重油	20	110	7.4	49.7
5	仲銅品	25	90	6.0	55.7
6	電線	30	75	5.0	60.7
7	亜鉛	35	60	4.0	64.7
8	○ △	40	40	2.7	67.4
9	□ ☆	45	20	1.3	68.7
⋮	⋮	⋮	⋮	⋮	⋮
20	⋮	100	⋮	⋮	100.0
			1,480		

パレート図を描くには，グラフ用紙の縦軸・横軸とも０から100％の目盛りをつけます。横軸は品目を，縦軸は金額をそれぞれ％で表します。最初の品目の「珪素銅板」をグラフの左端に，棒グラフで描きます。

ただし，棒の幅は（横軸の幅）品目の％である５％にします（全品で20品目なので，１品目について５％となります）。縦軸の高さは，金額のパーセントである20.5％にします。後は順次，２番目の品目，３番目の品目を，累計になるように，このグラフに加えていきます。

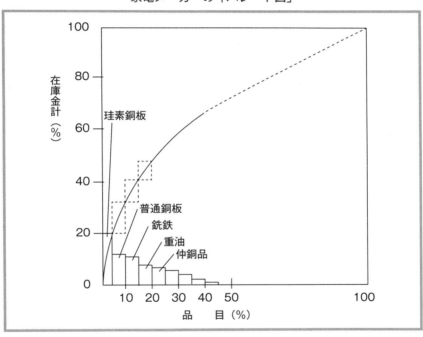

家電メーカーの「パレート図」

最後に，各棒グラフの右肩を結ぶとパレート図になります。一般には，この棒グラフを省略して，次頁のような不均等分布線だけを書きます。ただし，棒グラフを書いておくほうが，何が重要で，何が重要でないかが一目でわかるという利点があります。

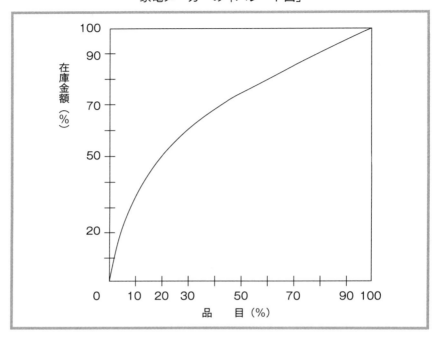

家電メーカーの「パレート図」

　1品目の占率は5％でした。品目名を書いてある9品目で45％になり、重要品目はほぼここまでで、残りは品目としては多いが、金額的に見てあまり重要でないことがわかります。前頁の図表では、10番目からは項目名や金額を省略してありますが、グラフでは点線で表してあります。

　描いたパレート図を眺めてみると、いくつかのことに気がつきます。この家庭電器メーカーの在庫は、20品目あるが、その中でも、金額で見ると「珪素銅板」、「普通銅板」および「銑鉄」の3品目で全体の42％を占めており、さらに「重油」を加えると、品目数では20％の占率でも、金額では50％にもなります。

　そこで、在庫の金額や在庫のコストを減らす必要があるときには、パレート

第3章　全員参加のコストダウン

図の左端のほうから何品目かを選んで，これらの品目の**在庫保有量およびその在庫コストを減らす工夫**をすれば効率的に行えるのです。

金額的に重要でない品目はどう扱うか

　また，この会社の場合は，10番目以降の品目については，金額的には厳しい管理をする必要はなく，**欠品（在庫切れ）を起こさないように**注意して，適当に手抜きした管理で間に合うということがわかります。欠品を起こせば，それが「ねじ・くぎ」1本でも，生産ラインを止めることにもなりかねません。**金額的にはあまり重要ではない**ということは，在庫を余分に抱えても，在庫品の金額も大きくはなく，陳腐化とか目減りといった**在庫コストも重要ではない**ということです。したがって，こうした品目の場合は，多少は在庫がふくらんでもかまわないから，**欠品だけは起きないように注意**するだけでよいのです。

パレート図からABC分析へ

　一般的には，パレート図を描いたとき，全品目に占める割合と在庫金額に占める割合には次のような関連があるといいます（水戸誠一『トータル・コストダウンの実務』中央経済社，48頁より引用）。

全品目に占める割合	在庫金額に占める割合
5－10％	70％以上
20％くらい	20％くらい
70％以上	5－10％

　この表は，品目数では5－10％程度の少数の品目が，金額では実に70％以上を占め，逆に，金額で見ると，合計しても5－10％という少額の品目が，品目

123

数では70％にもなることを示しています。残りの部分は，品目数で見ても金額で見ても，同じ20％程度になるということです。

重要な在庫をしっかり管理する

重要な在庫とは，この表からも明らかなように，**少数の項目で，合計の金額が大きいもの**です。品目数で5－10％の在庫をしっかり管理すれば，金額的には70％以上の在庫を管理したことになるのです。

こうした項目数と金額との関連は，企業ごとに多少の違いはあるでしょうが，**一般には，品目数で10％，金額で70％程度の在庫を「Ａ品目」とか「Ａグループ」，金額で10％，品目数で70％程度の在庫を「Ｃ品目」とか「Ｃグループ」**，残りを「Ｂ品目」とか「Ｂグループ」と呼んで，このグループごとに，それぞれに適した管理をするのです。

では，こうしてABC分析をした後，実際には，どういう管理の方法を適用するのがよいでしょうか。一般的には，次のようなことを考えるとよいと思われます。

重要度に応じた在庫管理の方法

Ａグループの品目	細かな管理が必要。金額が大きいので，できるだけ在庫の量を少なくする。ひんぱんに棚卸しを行い，不要な在庫をなくし，予備の在庫も少なくする。後で述べる，経済的発注量とか，経済的発注時点などといった技法を活用するのがよい。
Ｂグループの品目	Ａグループとｃグループの中間的な存在なので，Ａグループよりも管理は簡単にし，棚卸しも年に2－3回におさえる。
Ｃグループの品目	金額的には重要性が小さいので，多少は過剰在庫ぎみでもよい。むしろ在庫切れによる損失が出ないように心がける。棚卸しは年に1回か2回でよい。倉庫からの出納はセルフサービスで行わせる。

第3章　全員参加のコストダウン

最適な発注量と発注点を知ろう

　Aグループの在庫が何であるかがわかったなら，Aグループの個々の品目について，一度に何個（何トン，何箱，何台）ずつ発注するのが最も経済的かを計算します。これを，「経済的発注量（Economic Order Quantity：EOQ）」といいます。

　さらに，手持ちの在庫が残りいくらになったら発注するのが最も経済的かを計算します。これを「経済的発注点（Economic Order Point：EOP）」といいます。

　経済的発注量（EOQ）や経済的発注点（EOP）の計算の仕方は後で述べることにして，こうしたことがわかるとどういうことができるかを考えてみましょう。

EOQやEOPがわかったら

　経済的発注量（EOQ）が3,000単位で，経済的発注点（EOP）が500単位であるとすると，次頁の図表が示すように，手持ちの在庫が500単位になるたびに，3,000単位の発注をすれば最も経済的であるということになります。

125

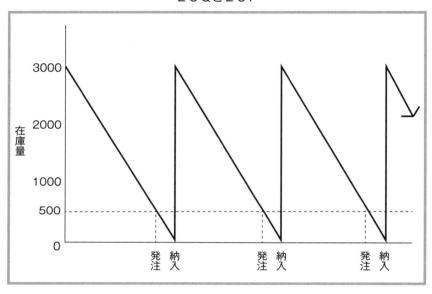

ツービン・システム（ダブルビン法）

　EOQとEOPがわかれば，比較的簡単に在庫を適切に管理することができます。たとえば，健康食品を扱っているK店では，定番になっている「朝鮮人参エキス」のEOQが100ケース，EOPが20ケースであったとします。

　この場合，倉庫の棚を2段式にしておいて，下の段にはEOPの20ケースを保管し，上段には残りの在庫を保管するのです。上の段が空になれば残りはEOPの20ケースしかないということが一目でわかるので，この時点で下の段の20ケースを上の段に移し，EOQの100ケースを注文します。

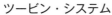

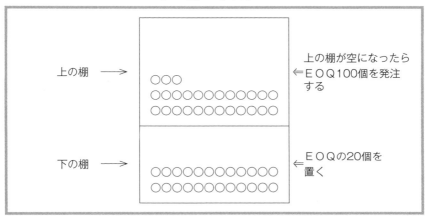

　こうした2段式の在庫管理の方法を，**ツービン・システム**（two-bin system）あるいは，**ダブルビン・システム**といいます。ビン（bin）は，箱，容器のことです。

　最近のオフィスビルなどのトイレには，トイレット・ペーパーのロールが2つ並んでいるのを見かけます。1つのロールを使い切ると，2個目のロールが使えるようになっています。これが，「ツービン・システム」です。

　ビジネスホテルに泊まりますと，客室の冷蔵庫がコンピュータ制御されていて，飲食した物がフロントでわかるようになっています。最近では，こうした**自動検知システム**が発達しているので，**ツービン・システムをとる場合に，上の段の在庫が空になったかどうかを検知システムで確認し，コンピュータが自動的に発注する**ことも可能になってきました。

　ツービン・システムの考え方は，家庭でも簡単に応用できそうです。買い置きがあるからと安心していたら，実は使い果たしていて，あわてたという経験

はどこの家庭にもあるものです。わが家でも，たとえば，お米の残りが5－6日分になったら米屋さんに注文するとか，トイレット・ペーパーは，トイレの中の収納庫が3分の1になったら生協に注文するとか，はがきは残り30枚位になったら買い物リストに記入するとか，乾電池は単3と単4を多めに買い置きをしておくとか，いろいろ工夫しています。

　ところで，ツービン・システムによる場合，下の棚に，どれだけの量を置いたらよいでしょうか。また，上の棚が空になったら発注するといっても，どれだけの量を発注するのがよいのでしょうか。いつ（在庫が残りいくらになったら），どれだけの量を発注すべきかについては，後のほうで，**経済的発注量（EOQ）**とか**経済的発注点（EOP）**というテーマでくわしく述べます。

在庫にかかる費用

　本章のはじめに述べましたように，**余分の在庫を抱える**と，場所をとったり，品質が落ちたり，流行遅れになったりするだけでなく，**資金コストや在庫維持の費用**がかかります。

　在庫にかかるコストというのは，たとえば，在庫自体を購入したときの資金にかかるコスト（金利。自己資金で仕入れたときは，資本が寝ることによって失う機会利益），輸送費，保管費用，保険料，税金，陳腐化・劣化による損失など，在庫を維持するためにかかる費用**（在庫維持費）**と，発注にかかる費用**（発注費）**があります。

　発注にかかる費用（発注費）というのは，1回発注するたびにかかる費用で，たとえば，発注事務費，伝票作成費用，運送費などをいいます。

128

第3章　全員参加のコストダウン

段取費も発注費と同じ

　メーカーであれば，発注費に代わって，段取費（だんどりひ）いうのがかかります。たとえば，工場では，今週はフォークリフトの組立て，来週は小型トラックの組立て，その次の週は園芸用のガーデン・トラクターの組立て，というように，製作する製品が変わることがあります。変わるたびに，いったん，ベルトコンベヤーを止めて，前の作業の後片づけをし，作業台やクレーンの位置を変え，次の作業に必要な工具類や部品・潤滑油・ペンキ類などを新たに準備し，場合によっては作業員・工作員を入れ替え，といったことをしなければなりません。

　こうしたことをするために直接かかる費用もあれば，それまでの作業を中止することから，目には見えないが確実に失っている利益もあります。それまで作業していた工員が仕事がなくなり，次の作業の準備が整うまでぶらぶらしていたら，それも段取りのためのコストです。船舶とか飛行機，トラック，高級車など，大型の製品や高額の製品を作っている場合には，こうした段取費が多額にかかるのが普通です。これもここでいう発注費と同じですので，以下，まとめて発注費と呼ぶことにします。

発注量を増やせば発注費は減る

　1回の発注量が多いほど在庫維持費用は増加するのに対し，発注費は減ります。1回の発注量が多いということは，発注回数が減るということですから，1期間の発注費の合計額は減ることになります。

　たとえば，1か月に平均800個使用する部品があるとしましょう。この場合，1回の発注量を200個とすると，月に4回，つまり，毎週毎週，発注することになります。この場合は，発注費が4回わかかりますが，こまめに発注するた

129

め，在庫の維持費用は少なくてすむのです。1回の発注量が400個なら月に2回，800個をまとめて発注すれば月に1度の発注ですむし，発注費も1回分ですみます。

　仕入（購買）担当者は，発注量が多いか少ないかについてはあまり神経を使わないことが多く，発注の回数が減れば発注の仕事も減るし，在庫切れも起こりにくいと考えて，**いちどに多め多めに発注する傾向**にあります。

　ところが，在庫のコストには，上に述べたように，**在庫維持費用と発注費**という2つの種類があり，**一方は発注量が多いとかさみ，一方は発注量が多いと少なくなる**，という関係にあります。上の例でいいますと，1回に200個を発注する場合，在庫量は，最大で200個，次第に減り，最後はゼロになります（ツービン・システムを使っているとすると，上の棚が空になる）。平均の在庫量は100個ということになり，この100個について維持費用がかかるのです。

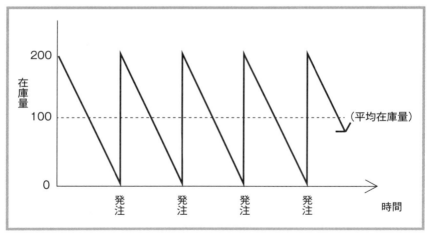

平均在庫量（1回に200個を発注する場合）

第3章　全員参加のコストダウン

　もしも，１度に800個をまとめて発注するとすれば，最大の在庫量は800個，平均在庫量は400個にもなります。**在庫維持費用は，こまめに発注したほうがかからないのです。**

　しかし，１回の発注にかかる費用が多額になるならば，こまめに発注するメリットを失ってしまうでしょう。このため，**２つの種類のコストの総和が１番小さくなるような発注量を探さなければならないのです。**すでに述べましたように，このときの発注量を「**経済的発注量**」または「**経済的ロットサイズ**」といいます。

最適発注量を求める

　ある期間（いまこれを１年間としておく）の在庫の維持費用は次のような式で表すことができます。

在庫維持費用 ＝ 平均在庫量 × 単価 × 在庫維持費比率

　ここで**平均在庫量**というのは，１回の発注量の２分の１をいいます。200個を発注すると，200個から順次０個になるまで在庫は減っていく。したがって，平均の在庫量はこの場合は100個，つまり，１回の発注量の半分が平均在庫量になります。**平均在庫量は１回当たり発注量の２分の１**ですから，

在庫維持費用 ＝ １回当たりの発注量 × 単価 × 在庫維持費比率 ÷ ２……(1)

131

となります。（単価×在庫維持費比率）は，在庫1単位を1年間維持するのにかかる費用ですから，以下では，1単位当たりの維持費用として示すことにします。

　発注費のほうは，次のように計算されます。

> **発注費＝1回当たりの発注費 × 年間の発注回数**

　年間に発注する回数は，年間使用量（販売量）を1回に発注する分量で割って求めるので，

> 発注費 ＝ 1回当たり の発注費 × 年間使用量 ÷ 1回当たり の発注量 ……(2)

となります。

　すでに述べましたように，**経済的発注量**というのは，在庫維持費用と発注費の総和が一番小さくなるような発注量をいいます。いま，この経済的発注量を，グラフを使って求めてみます。

> 条件は，
> 　年間の使用量が，2,400単位
> 　1回の発注費が，30,000円
> 　年間の維持費用が，1単位につき，800円

第3章　全員参加のコストダウン

在庫費用の計算

1回の発注量	平均在庫(個)	年間維持費(円)	年間発注費(円)	在庫総費用(円)
50	25	20,000	1,440,000	1,460,000
100	50	40,000	720,000	760,000
200	100	80,000	360,000	440,000
300	150	120,000	240,000	360,000
400	200	160,000	180,000	340,000
600	300	240,000	120,000	360,000
800	400	320,000	90,000	410,000
1,200	600	480,000	60,000	540,000
2,400	1,200	960,000	30,000	990,000

　最初に，1回の発注量が変わると，年間の発注費がどのように変化するかを
グラフで示してみます。次頁の図表は，**1回の発注量が変わると年間維持費用
や年間発注費がどう変化するか**を表したものです。発注量と発注費の関係は，
縦軸に，年間の発注費を取り，横軸に1回の発注量を取ると，グラフのように
右下がりの曲線を描きます。

133

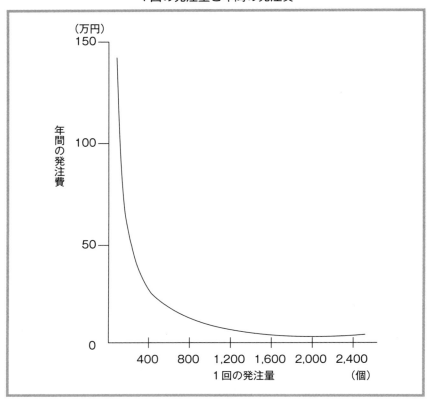

　次に，1回の発注量を変えると在庫の維持費用はどう変化するかをグラフにしてみると次頁の図表のようになります。

第3章　全員参加のコストダウン

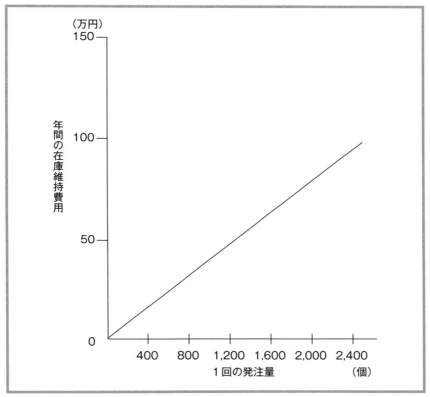

1回の発注量と年間の在庫維持費用

　在庫の維持費用は、グラフにみるように、原点からの直線で示されます。**在庫の総費用**とは、**発注費と在庫維持費の合計**ですから、いま、上の2つのグラフを合体して、1つの図にまとめて、在庫の総費用を求めるグラフを作ってみると次頁の図表のようになります。**発注費は右下がりの曲線**で表され、**維持費用は直線**で表されます。この2つの費用を合計した**総在庫費用は放物線を描く**ことになります。

在庫の総費用

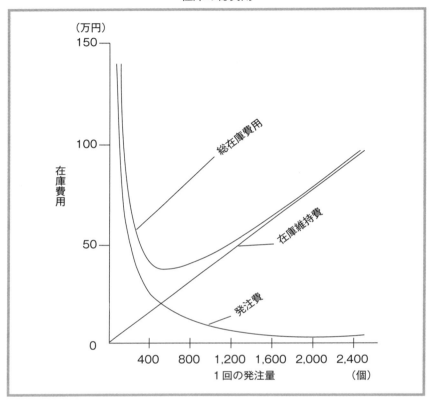

　在庫総費用が最も小さいときがEOQですから，グラフからは，400個近くのところが放物線の最下点になることがわかります。

　グラフからは，正確なEOQの値は読み取れません。EOQは，次の公式によっても求めることができます。そこで，公式で求めた値とグラフで求めた値が同じくらいになっているかどうかを確かめておきます。

第3章　全員参加のコストダウン

$$EOQ=\sqrt{\frac{2\times 年間使用量\times 1回の発注費}{1単位当たりの年間維持費用}}$$

$$EOQ=\sqrt{\frac{2\times 2,400\times 30,000}{800}}=424$$

　計算の結果，EOQは，424単位（個）であることがわかります。先に紹介した，ダブルビン・システムを使っている場合には，**上の棚が空になったら，424単位（個）発注するのが経済的にみて最適**であることになります。

　ところで，1回につき424単位を発注するとすると，平均在庫量は212単位で，その維持費用は約169,000円（＝212×800円）となります。発注回数は年に，5.66回ですから，発注費の総額も約169,000円となります。つまり，**EOQは，在庫の維持費用＝発注費となるところをいう**のです。

経済的発注点を求める

　ダブルビン・システムで上の棚が空になったら，424単位を発注すればよいことがわかりましたが，では，いつの時点で発注すればよいでしょうか。在庫は少しずつ減少していき，いずれゼロになります。

　ゼロになってから発注したのでは，**欠品（在庫切れ）**を起こし，それが工場で必要な部品とか原材料などであれば生産を中止しなければならない事態も生じるでしょう。それが商品であれば販売のチャンスを逃してしまうことになります。

137

欠品（在庫切れ）を起こさないようにするには，**発注してから商品や部品などが入庫するまでの期間**（これを**リードタイム**とか**調達期間**といいます）にどれだけの在庫が必要かを見積もって，その在庫を**ダブルビン・システムの下の棚におく分量**とすればよいでしょう。

1日の使用量が一定しているとしましょう。上の例では，年間の使用量が2,400単位，もし，年間の作業日が300日（25日×12か月）とすると，1日の使用量は8単位となります。リードタイムが10日とすると，リードタイム中の必要在庫は80単位ということになり，在庫が80単位になったら発注すればよいでしょう。また，ダブルビン・システムを使っている場合は，下の棚に80単位の在庫を用意するということになります。

しかし，1日の使用量は必ずしも一定しないのが普通であり，また，発注してから納入までの期間もいつも同じというわけにはいきません。納期が守られないケースもあれば，指定した期日よりも早く納入してくることもあります。**納期が遅れれば在庫切れ**を起こしますし，**早く納入されれば過剰在庫**になります。

しかし，どちらかといえば，納期が遅れるよりも早く納入されたほうがよいでしょう。在庫切れを起こした場合は生産ラインを止めるなどの大きな混乱を招き，多大なコストがかかりますが，早期納入の過剰在庫であれば，在庫維持費用が多少かかる程度ですむからです。

そうしたことから，**リードタイム（調達日数）**が多少は変動しても，リードタイム中の使用量・需要が予想よりも多少は増加しても，それに対応できるように，少し余分に在庫をもつことが必要になってきます。この，リードタイム中に必要と予想される在庫を超えて保有する分を，**「安全在庫」**といいます。

138

第3章　全員参加のコストダウン

トリプルビン・システム

「安全在庫」を保有する場合，上に紹介したダブルビン・システムに，もう
１つ棚を増やして，**トリプルビン**（３棚）にしたほうが便利です。１つの部品
に上，中，下の３つの棚を用意し，一番下の棚には**安全在庫量**，真ん中の棚に
は，発注点から納品までの**リードタイム中の予想使用量**を，一番上には残りの
在庫をストックするのです。

　上の段から使用し，これが空になったら一定量を発注します。以後，納品さ
れるまでは中段のストックを使用し，中段が空になっても納入されない場合は，
至急納入するように督促します。上の例でいえば，リードタイム中の使用量は
80単位（10日分）であり，仮に安全在庫として保有する量が24単位（３日分）
であるとすると，次頁の図のように上の棚が消費された時点でリードタイム中
（10日分）の消費量80単位とさらに３日分の24単位が保有されており，この段
階で発注します。

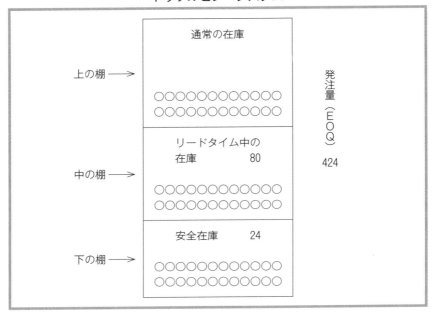

　リードタイムの10日の間に納入されない場合は，中の棚が空になるので，納入が遅れていることが一目でわかります。こうすることにより，欠品の防止を図ることができるのです。

　本章で紹介した在庫管理の技法は過去のデータを使った統計的な在庫管理技法で，しかも，発注量を一定にする**定量発注方式**と呼ばれる技法を中心に説明してきました。在庫管理の技法としては，このほかに，需要が不確定な商品・部品などの場合に発注の時期（たとえば，毎月末に発注する）を一定とする**「定期発注方式」**とか，在庫ゼロを目指した**ジャスト・イン・タイム（JIT）方式**，コンビニで活用されている**POS**などがあります。

第4章
社内不正に備える
―放置するとカビのごとく蔓延します

　本章では，社内不正を事前に防ぐための実践的な方法を紹介します。

　社員による取引先との不正，商品の持ち出し，金品の使いこみ，経費の不正請求，経費の流用，架空の売上げ，領収書の偽造，売掛金の着服……最初は小さな不正でも，放置すれば会社の信用を毀損したり，積もり積もって会社の存続を危うくするような事態になることもあります。

　企業の永続的な発展のためには「不正が起きない環境づくり」と早期に「不正の芽を摘む」ことが大事です。そうした工夫は，社員のポカミスを予防することにも大きな効果が期待できます。

「社内不正」——私もあまり好きな言葉ではありません。できれば，不正がない会社でありたいものです。

しかし，現実には，社内不正は，規模の大小や内部統制のレベルに関係なく，発生します。中小企業の場合，社内不正といっても，最初は本当に小さな，不正と呼べないくらいに小さなことが発端になることが多いようです。

不正は放置すると蔓延する

困ったことに，「不正はカビのごとく蔓延する」のです。最初は小さな，本当に小さな不正でも，「小さなことだから，まぁいいか」「こんなことで咎めだてすると，角が立つなー」と思って目をつぶったり放置したりしますと，次第次第に「大きな不正」を招いてしまいます。

「私用で買った文房具の領収書を会社の経費で落とした」——せいぜい300円か500円でしょう。どうせ買ったボールペンは会社でも使うんだし…何か言われても，言い訳できそうだし。

「得意先に出かけたときに交通費をちょっとだけ水増しして経理に請求した」——千円くらいですか。たまにはイイか。

「取引先に持って行ったサンプルが余ったので，家に持ち帰って使った」…サンプルなんてタダみたいなもの？　会社じゃ，どこにでも置いてあるし……。

「給料日前でお金がなかったので，得意先から回収した売掛金を２－３日だけ勝手に借用した」…すぐに返すからいいじゃないか。

142

第4章　社内不正に備える

「出張用の新幹線のチケットを持ち出して金券ショップで換金する」…係長もカラ出張に使ってたみたいだし。

「勝手に郵便切手や収入印紙を持ち出す」…大した金額じゃないし。そのうち返しておくから。

「社内不正」と言っても，最初は，上のように，気軽に手を出してしまうものです。しかし，「小さな不正」を穴埋めするために，「次の大きな不正」に走りがちです。

不正は放置すると大胆になります

「行きつけの店で金額が書いてない領収書をもらって，接待費として請求する」——うーん，数万円になるか。ちょっとヤバイか。1回だけにしておこう。

「受け取った領収書の金額の頭に1を書き加えて経理に出す」——5,400円の領収書なら，15,400円に化ける。すごく簡単だ。

このレベルの不正を放置しますと，とんでもない大不正に発展しかねません。不正は，カビのような繁殖力をもっているのです。

「回収した売掛金を着服する」——金額も大きいし，ばれたらやばいぞ。

「勝手に在庫を持ち出して，どこかに売ってしまう」——ハードオフやメルカリなら何でも買ってくれるし，最近は，過剰在庫を高く買ってくれるRe Valueのような会社も現れてきたし……。得意先の知り合いなら「あうん」の呼吸でうまくやってくれそう。

143

「仕入れてもいない商品を仕入れたことにして代金を払わせ，仕入先の「仲間」と山分けする」──経理が気がついたらヤバイな……仲間が裏切ったらどうしよう……心配で夜も眠れないかも。

不正を見逃すと（その1）

小さな不正を見逃したり，放置しますと，上のように**不正は次第にエスカレート**します。そうなりますと，

会社の財産が減る　➡　あなたの給料が減る

税務調査で判明したら　➡　脱税，過少申告加算税，延滞金，ブラックリストに載る

刑法の適用　➡　窃盗罪，横領罪，文書偽造罪……

不正を見逃すと（その2）

「社会的信用を失う」──回収した売掛金を従業員が着服したのを知らずに得意先に請求でもしようものなら，信用問題です！

「規律のない会社という評価」──製品・商品の品質まで疑われるでしょう。

社内で，こうした不正をうやむやにすると，決まって**「再発」**します。「なんだ，こんなことをしても罰せられないのか。」「だったら，オレもやっちゃ

え！」……。

　小さな不正を見逃したり放置したりしたとき，最も怖いのは，「**内部告発**」が行われたり，TwitterやFacebookなどのSNS（ソーシャル・ネットワーク・サービス）で情報が拡散し，最悪のときには**炎上**することです。

　そうしたとき，会社がよく書かれることはありません。ひどいときには，あることないこと，いえ，ないことないことを誇大に書かれます。不届きな社員が不正を犯したにもかかわらず，「社長が夜遊びばっかりしているから」とか「社長のドラ息子を取締役にしている以上，社内の規律もダラダラだ」とか，関係のないことを書かれたりします。

　では，どうしたらいいでしょうか。以下では，そうした**不正の見分け方や不正に対して取るべき会社の対応の在り方**を紹介し，さらに**不正の具体的な予防法**を見ていきたいと思います。

スピード違反，脱税，粉飾，不正

　わが国では，脱税も贈収賄も，スピード違反と同じ程度のものだと考える人が多いようです。「誰でもしている」のだからとか，大抵の違反は「世間の常識の範囲」に収まっていると見るのでしょうか。たまに見つかれば「運が悪い」と考えがちです。

　社内不正も，似たようなものです。隣の席のヤツもやってるし，向かいの同僚も，きっと課長も部長もやってる……だったら，オレも……と考えるのでしょうか。

145

もう一度言います。「不正は放置するとカビのごとく蔓延する」のです。しかも，放置すると，次第次第に，「大胆な不正」になるのです。そうなったら，小さな不正に目を瞑った経営者の責任です。

子供にお買い物を頼んだら，必ず「お釣りを正直に報告」してきます。それが，大人になったら，どうしてか「お釣りをごまかす」人が増えるのです。どうやら，「多かれ少なかれ，向かいの会社も隣の同僚もやっている」のだから，「世間の常識の範囲」「許容範囲」と考えている節があるようです。

「不正はわが身から騙す」

また，不正は1度だけでは済まないことが多いようです。1度不正を犯せば，それを正当化するために，あるいは，それを隠蔽するために，新たな不正を行い，さらに不正を繰り返すことが必要になります。金額的にも，次第に大きくなりがちですし，そのうちに，社内や取引先の「仲間」と結託した大掛かりな不正になる危険もあります。

友人の会計士が教えてくれたことですが，「不正はわが身から騙す」というのです。

その友人が言うには，不正はちょうど，セルフ・ジャッジのゴルフと同じだというのです。本当は「5打」で回ったのを，「あのときチョロしてなかったら」「いや，誰も見てなかったし」とばかり，スコアブックに「4」と書けば，その日の終わりには本当に自分は「4」で回ったと信じるようになるのと同じだというのです。

5千円の領収書に「ちょいと棒を引いて」1万5千円にして経理に請求して

146

第4章　社内不正に備える

も，月末頃には本当に1万5千円だったという気になってくるというのです。怖い話ですね。

日本人のハーフ・ツルース

　日本では，「ハーフ・ツルース（half‐truth）」ということが半ば公然と許されています。「半分は真実，半分はウソ」という話です。「本当はウソなんだけど，強弁すればまかり通る」という話です。

　会社に遅刻したとき，「すいません，電車が遅れまして」と言い訳したり，お得意さんとの約束の時間に遅れて，「申し訳ありません，途中で渋滞にはまってしまって」……ご経験ありませんか。

　実は，「自分の乗る電車は普通に走行していたけど，反対方向の電車が遅延」とか，自分の走行していた道路はスイスイ走っていたけど，対向車線は渋滞……それをいいことに「すいません，電車が遅れまして」とか「渋滞して」……といった言い訳をするのは，日本では，「許されるウソの範囲」だそうです。

　これを「half‐truth」（ハーフ・ツルース，半分は真実，半分はウソ。つまりウソ）というのです。英米人にこの話をしますと，決まって，「それは100％のウソだ」といいます。そんな「軽いウソ」でも，社会的には認められなく，「ウソつき」の烙印を押されるそうです。

　日本ではときに，「他人に迷惑をかけない程度のウソは許される」といった話を聞きます。

147

本当ですか。

　社長さん，そういえば，社員の皆さんに向かって，ちょっと大きな話をしたかもしれませんね。「来期の売上高目標は，100億円。今期はみんなの力で60億円に手が届いた。来期は，飛躍の年，100億円に向かって頑張ろう！」……「今期の本業の利益（営業利益）は，30億円，景気も上向いてきたし，来期は営業利益50億円達成するぞ。諸君，君たちの努力次第で，わが社は大きく成長できる。諸君の大いなる努力に期待している！」

　社員の皆さんを発奮させることは大事です。しかし，根拠が乏しい「社長の願望」や「社長の寝言」を聞かされても，社員の皆さんは動けないのです（社長さん，スイマセン。でも多くの社員には「社長の寝言」（失礼！）にしか聞こえないこともあるのです）。

不正予防の基本的な考え方

「総論」──「うちの会社には関係ない」話ですが

　最初に，不正を予防するための基本的な考え方や取るべき姿勢を紹介したいと思います。いわば「総論」です。総論ですから，「うちの会社には関係ない」とか「そんなことを言われても，うちじゃできない」とか思われることもあると思います。

　でも，とりあえず，５分でもいいですから，ちらっと目を通してみてください。太字で書いたところだけを拾い読みしていただいても結構です。いまは，「うちは関係ない」というのは，いまの事業内容，いまの事業規模，いまの従業員（もちろん，経営陣も含めて）を前提にして判断されているのではないで

第4章　社内不正に備える

すか。

　事業内容も事業規模も従業員も，刻々と変わります。食品の製造を専業にして
いた会社がお店（販売部門）を持つようになったり，地方で観光客を相手に
特産品を販売していた会社が東京や大阪に「アンテナショップ」を開くことも
あるでしょう。「経営は生き物」ですから，いまは関係なくても，将来のため
に読んでおいてください。

従業員は「流動資産」か「流動負債」か

　優秀な従業員や専門知識を持った工具が他社に引き抜かれたり，逆に，わが
社の大きな戦力となってくれるような人材を採用することができたり，従業員
は，「流動資産」です。

　ところが困ったことに，ときには，「流動資産」が**「流動負債」**になったり，
「偶発債務」になることもあるのです。昇進や昇給，職務の内容，勤務先，上
司や同僚との人間関係などから，**不本意に退職**する人もいます。**不満をもって
会社を辞めた人**は，ときに，「会社に恨みをもって」いますから，会社に仕返
ししようとしてトラブルを起こしたり，ネットにあることないことを書き込ん
だりしかねません。

　そうした問題を予防するためにも，**事前の対応**が必要です。ここでは，**不正
を予防するための基本的な考え方**を紹介します。すぐに使える具体的な予防の
方法もいくつか紹介します。

隙を見せない。その気にさせない。思いとどまらせる。

　不正を犯す「チャンス」を与えないことです。商品の個数管理が行き届いて

149

いないと,「1個くらいいいか。どうせバレないから」といった気にさせてしまいます。

コンビニと書店の一番大きな悩みは万引きだといいます。万引き防止のために, **ドームカメラ**（どこを向いているかわからない半球型の監視カメラ）を設置する, 小さくて高いものはレジのそばに置く, お客様の目を見ながら大きな声で「いらっしゃいませ」という……。どれも, 会社でも使えます。

社員が出退勤のときにデパートなどの**紙袋を鞄代わりに使うのは禁止**したほうがいいですね。カラの紙袋を持ち込んで, 帰宅するときには大きく膨らんでいたなんて……。何が入っているのかわかりません。金融機関やデパートなどでは, 社員が退社するときに持ち物をチェックするようにしていますが, それも定時に退社する社員だけといった「抜け穴」があるようです。

社員の持ち物検査は, お互いに不愉快ですし, 時間も人も必要です。であれば, 無断で持ち出してはいけないものに「ICタグ」を付けて, 申告しない限り持ち出すと警報が鳴るようなシステムにするのも一案です。

最近では, 図書館の所蔵図書やブティックの商品にICタグを付けて, 勝手に持ち出すと警報がなるようになっています。ICタグは, いまでは, スーパーの肉（生産地などを証明）などにも付けられています。次第にコストが下がってきていますので, 会社の製品・商品に付けることもご検討ください。「**在庫管理**」にも「**万引き・無断持ち出しの予防**」にも大きな効果がありそうです。

「**見られている！**」と感じると, 不正を思いとどまるそうです。倉庫の入口・出口に, **こどもの大きな写真を張っておく**と, 家庭を持つ人には効果的だそうです。

150

子供の写真に代えて，「両目の写真」も効果があるようです。ハトやカラスも寄ってこないそうです。

仕事にローテーションを

同じ仕事をしていると，慣れが生じてミスに気がつかないこともあります。**新しい仕事は緊張感がありますから，ミスが少ないのです。**特に，経理や在庫管理のような現金や商品を管理する担当者は，定期的に代えたほうがいいでしょう。

ただ，長年経理を担当してきた人を代えるのは，摩擦が大きいかもしれません。そこで，現在の経理担当者に，別の大きなプロジェクト（新規の投資案件など）を担当してもらうことにして，そのプロジェクトが軌道に乗ったら経理に戻ってもらう，という約束をするという手もあります。

年に1度は長期休暇を

銀行などでは，年に1度は**長期休暇を半ば強制的に取らせる**ようです。月曜日から金曜日まで5日間，土日を入れて7日間の休みを取らせ，その間に，パソコン，メール，デスク，ロッカーの私物，外からの電話……などをチェックするそうです。

普通の会社ではそこまですることはないでしょうが，でも，社員の皆さんに，朝礼などのときに「長い間，頑張ってもらったから，1週間のお休みを上げたい。わずかだけど，旅費の足しにしてほしい」くらいの挨拶をしますと，多くの社員は大喜びするでしょう。**やましい気持ちのある社員は，長期休暇を取りたがらない**かもしれません。その場合は，ローテーション（配置転換）したほうがいいですね。

151

クリアデスク

　これも，金融機関のアイデアですが，一日の仕事を終えて帰宅するときには，**自分のデスクの上には何も置いていない状態にする**のです。これを「クリアデスク」といいます。

　金融機関は，**個人情報**や**企業情報**を扱っています。その点では，ほかにも会計事務所，法律事務所，コンサル会社なども，個人情報や企業情報を扱っています。いえ，ビジネスをやっているところも教育をやっている学校も病院も，きっと官庁も，どこも「他人の目に触れてはいけない」情報を扱っています。

　同じ会社の社員同士でも「**情報の壁**」を作らなければならないこともあります。ですから，社員が帰宅するときには，オフィスのデスクには何も置かないようにするのです。

　少し大きなオフィスや，大きなビルに入っているオフィスの場合は，自社の社員だけではなく，定期的に「清掃会社」の方が，社員が1人もいない夜間にオフィスに出入りします。情報を他人の目に触れないようにすることも大事ですが，「これナニ，面白そうだな」とポケットに入れさせてしまうのも，実は，「**その気にさせてしまった**」会社の責任です。

職場のレイアウト──壁を作らない

　社長さん，オフィスは見晴らしがいいですか。社員の皆さんが，いま，何をしているか，よく見えますか。

　職場で，自分の机の前も横も，本やファイルやらで壁を作って，隣の席か

ら見えないようにしているところがあります。後のほうで紹介しますが，**「何をやっているのか」疑いをもたれるようなレイアウト**は，お互いに不幸ですね。会社の風通しも悪くなります。

　私も，仕事柄，いろいろな会社を訪問しますが，社員の方が大きな声で「おはようございます」「いらっしゃいませ」とあいさつしてくれる会社の事務室は，間違いなく見晴らし・見通しがいいようです。

書類はバラバラに，あっちこっちに分散する

　不正は，お金（売掛金，手形，商品券など）と在庫（商品，製品，部品など）に集中します。お金は，持ち運びが簡単なのと，誰のものかが書いてないのです。商品・製品は，営業担当者も経理も在庫管理の担当者も，誰が持ち出しても疑われません。トラックに大量に積んで持ち出しても，「販売が好調だな」とばかりで，誰も疑いません。

　後で詳しく書きますが，お金も商品・製品も，本来は，その出し入れはすべて，帳簿類に記録されます。出荷伝票もなくトラックに商品を積み込んで配送すると，**倉庫と帳簿の在庫**が合わなくなります。売上伝票，売掛金台帳，請求書……も，ちゃんとチェック・集計すればおかしいことがわかります。

　ところが，会社によっては，こうした書類を経理に集めて，**経理は同じ取引の書類をまとめてステープラー（ホッチキス）でガチャと綴じてしまいます。**きっと，そのガチャと綴じられた書類は，経理の段ボール箱に投げ込まれて，地下の雑品倉庫に「収納」されて一生を終えることでしょう。

　不届きな不正を働く者にとっては，「シメシメ」です。不正に関係する書類は，ホチキスで綴じられて地下に眠り，そのうちに，「燃えるゴミ」として処

分されるのです。今夜から，枕を高くして眠れるでしょう。

　ずいぶん昔ですが，「悪い奴ほどよく眠る」というCMのコピーがありました。きっと巨悪は「よく眠る」のだと思いますが，世に蔓延している「小悪」は，きっと「夜も眠れない日々」を過ごしているのではないでしょうか。

領収書は壁に貼って公開する

　書類は，バラバラにして，あっちこっちに置く，それも，誰でも書類に目を通せるようにするのです。営業担当者の「接待費」「交通費」などは，毎日，毎週，全部の領収書を事務所のボードに貼って「公開」するといいでしょう。かなり，不正の抑制になると思います。

　急に公開するよりも，事前に，次のような掲示を出すか，朝礼でアナウンスするといいのではないでしょうか。

> 「会計事務所の指導により，来月から，すべての領収書・請求書を経理課の掲示板で公開することになりました。経理の透明性と税務対策を目的としたものです。よろしくご協力ください。」

適時記帳が不正を予防する

　「適時記帳」などといいますと難しいように聞こえるかもしれませんが，ようするに，「すぐに記帳する」ということです。わが国では，中小企業の場合，月末に1か月の取引をまとめて記帳するというのが当たり前です。税理士事務所（会計事務所）と契約を結んでいる企業は，毎月，月末に税理士事務所の職員が，1か月分の入出金伝票やら領収書，請求書，納品書などを受け取りに来

て，**月次決算書**を作ってもらってきたのではないでしょうか。

　月末に，思うような結果が出ないとなると，鉛筆をなめて，**銀行さんが納得してくれる数字に書き直してしまう**こともあるようです。そうした粉飾は，後で銀行に知れたら大変なことになります。

見 え 消 し

　そうした事態を避けるためにも，**日々の取引はその日に記録する**のです。後で会計事務所から記録に間違いがあることを指摘されたら，**「修正の記録が残る」**ように訂正します。手書きの書類であれば，**「見え消し」**といって，赤の２本線で消してから正しい数字を書きます。

見 え 消 し
文書や数字を訂正したり削除するとき，消すべき箇所を１本または２本の線で消した状態にしたもの，あるいはそうすること。取り消し線は引かれているが，消された元の字句は見えるので「見え消し」と呼ばれる。 ~~2,300~~ 3,300

　仕訳帳や元帳は，**会計ソフトを使って記帳している**と思います。多くの会計ソフトは，**過去の記録を修正しますと，その修正の記録が残るように設計**されています。月末になって過去の記録に手を加えても，すぐにバレます。

　ところが，ある会社の会計ソフトは過去のデータを修正しても，修正の記録が残らないようになっています。考えようによっては**「粉飾」**ができるように

設計されているのですね。社長さん，御社が使っている会計ソフトは，大丈夫ですか。「便利ですね。それって，どこの会計ソフトですか？」などと聞かないでください。

　会計だけの話ではありません。**部品や製品・商品などの在庫の管理も，「記録の修正や書き換え」**が自由勝手にできるようでは，**「不正のやり放題」**につながりかねません。**現金，新幹線のチケット，切手，収入印紙，商品券，株主優待券**……どれも同じです。**管理をしっかりすることと，記録を残す，記録を修正するときは，「見え消し」すると不正の予防**になります。

不正は1人ではできない

　多くの場合，不正は1人ではできません。**売上げを水増ししようとしますと，売上伝票を切る**だけでは済まないのです。売れたはずの**在庫**をどこかに移動しなければなりませんし，代金を現金で受け取ったことにすれば銀行の**残高証明書を偽装**しなければならず，掛けで売ったことにすれば**得意先と口裏を合わせ**ておかなければ発覚してしまいます。

　倉庫からの**出庫伝票も偽造**しなければならず，経理部門だけではなく，倉庫，販売，配送などの部門も巻き込まなければ不正は完結しないのです。この話は，後で詳しく書くことにします。

不正は期末に集中する

　組織ぐるみの不正の特徴は，**期末に集中**することです。特に，年度末に集中するという特徴があります。例えば，**年間の売上高目標を掲げている会社**，営

156

業スタッフにノルマを課している会社，営業マンの販売成績に応じて報奨金を出している会社などは要注意です。売上高目標に到達しそうもなくなると，トップの目を気にして販売部門が架空の売上げを計上するのは十分に考えられることです。

日本では，「**循環取引**」や「**キャッチ・ボール**」と呼ばれる架空取引が有名です。多くは会社同士が結託しての不正ですが，中には，**自社の営業マンが取引先の営業マンと結託して不正を働く**こともあります。そうした循環取引もキャッチ・ボールも，日常的に行われるよりも，期末近くになって，売上げ目標に達しないか，損失計上が避けられなくなってきたことが明らかになってくると仕組まれることが多いので，**期末に集中**する傾向にあります。

🔑 KEYWORD

循環取引——架空の売上げを計上するために，複数の取引先や当事者が名目だけの転売取引を繰り返すこと。各企業は「売上げ」を計上することができるし，転売の手数料（売買益）も手に入る。循環取引で「仕入れた」物品は「棚卸資産」としておけば損失が表面に出ることはない。

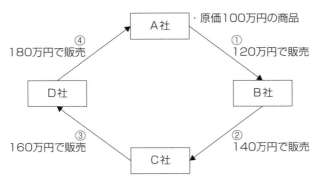

※　各社20万円の利益を計上
※　A社は，戻ってきた商品を「在庫」として処理（損失は出ない）

キャッチ・ボール―循環取引を2つの企業で行うこと。循環取引の場合は関与する企業が多数に上るために，内部通報などで発覚しやすいことから，架空取引の相手を1社にして行うことを言う。

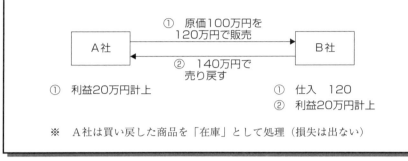

不正予防のダブルチェック

京セラの稲盛和夫さんが書いた『稲盛和夫の実学―経営と会計』という本があります（20年ほど前に出版された本ですが，現在でも文庫版とKindle版で読めます）。その本の中で稲盛さんは，**「会計が分からんで経営ができるか」**と言っています。

稲盛さんは，1つのことをするのに，1人の社員に任せておくと，その人が，ときには罪を犯してしまうかもしれない，他人から疑いをもたれてしまうかもしれない，これは**人（社員）に優しくないシステム**だと言うのです。

だから，たとえば，会社の中にある自動販売機や公衆電話（いまでは無いでしょうが）から，毎日，経理課員が10円玉や100円玉を回収するような場合でも，1人にやらせたのでは，担当の社員がポケットに入れるかもしれない，金額を間違うかもしれない，**他人が見て疑うかもしれない**というのです。

第4章　社内不正に備える

人に優しいシステム

　それを常に2人で作業するようにするのです。2人で自販機の前に行って，鍵を開けて，お金がいくら入っているかを2人で計算して帳簿につけるのです。そうすれば，金額を間違うこともなく，他の社員から疑われることもないというのです。このやり方を，稲盛さんは「ダブル・チェックの原則」と呼んでいます。

　このやり方は，人（社員）を信用していないようで，実はそうではなく，**最も人に優しいシステム**だというのです。

　中小規模の会社や大会社の支社・営業所，子会社などでは，経理担当者が1人というところも少なくありません。支店や工場の経理も1人が多いでしょう。それも，お金の出し入れだけではなく，原材料や部品の発注や出庫も，在庫の管理も，備品や事務用品の管理も，顧客情報の管理までも1人に任せていることも多いと思います。

　これでは，「**何も悪いことをしていないのに疑われる**」仕事をさせているようなものです。担当者のちょっとした**勘違いや不注意で発注ミス**をすることもあるでしょう。担当者1人に責任に押し付けるのは簡単ですが，間違いを予防したりミスの再発を防止することはできません。

人に優しくない「1人残業」「土日出勤」

　こうした部署・部門では，兼業でもいいから2人で作業ができるようにするのが「**社員に優しいシステム**」だと，稲盛さんは言うのです。稲盛さんは，こ

159

うして2人で行うことを「ダブル・チェックの原則」と呼んでいます。

　稲盛さんは，社員が着服したり横領したりすることができる環境は人に優しくないと言います。不正や間違いを起こさないような環境を作ることが大事なのです。

　社長さん，御社の「環境」はいかがですか。もしかして，「社員が不正なことをすることができる環境」があるようなら，すぐにでも手を打っておきたいですね。

　不正をしようと企んでいる人やグループが一番気にするのは，他人の目です。「誰かが見ていないか」「誰かが気がつくのではないか」……。そこで，悪事を働こうとしている者は，他人の目を避けるために，上司や同僚が帰宅した後で「1人で残業」したり，わざわざ「土日に出勤」したり，「家に仕事を持ち帰る」など，チエを絞るのです。

　稲盛さんの考え方に従えば，「1人残業」や「土日出勤」は「危ない」し「疑われるおそれがある」から，極力，させないようにしたいものです。社長さんも常務さんも，社内にこうした部門や慣習がないかどうかをチェックしていただきたいと思います。本社だけでなく，支社・支店，工場などにも目を向けたいところです。

　また，会社の勤務時間では間に合わなかったからといって，書類作りなどの仕事を持ち帰って自宅でするというのも，リスクが大きいと言えます。よく聞く話ですが，帰宅途中の電車に重要書類を置き忘れたとか，自宅のパソコンに取引先のデータを入れておいたところ，家族が使っていたウィニーなどを介して情報が漏洩してしまったとか，事故は絶えません。

160

第4章　社内不正に備える

　こうした事故の責任を，ミスを犯した個人に負わせるのは，組織として無責任であろうと思います。**会社の仕事を持ち帰らせない**のも，「**人に優しい会社**」の条件です。

「複眼思考の会計学」

　稲盛さんの言う「ダブル・チェックの原則」の話をしました。ところでそのダブル・チェックですが，**同じ人が同じやり方で2度チェック**しても，それは「ダブル・チェック」になりません。誰もが経験することですが，**自分がやったことの間違いを見つけるのは難しい**のです。

　しかし，**他人のやったことの間違いはすぐに発見**できます。ですから，「別の人が再チェック」したり「別のやり方で再チェック」すると，すぐに間違いを発見できることが多いのです。これが「ダブル・チェック」であり「クロス・チェック」です。

複式簿記にビルトインされている「複眼思考」

　もともと**会計や簿記のシステム**には，「ダブル・チェック」「クロス・チェック」「複眼思考」の技法がビルトインされています。

　複式簿記が世界中で使われるようになったのは，1つには，誰でも使える簡単な技術であること，途中で誰かと作業を交代しても同じ操作が続けられること，誰が担当しても同じ結果を得られること，作業を何人かで分担しても集計すれば同じ結果になること，記帳や集計の仕方や金額を間違えると簿記のシステムが「間違えている」ことを教えてくれる「**自検機能**」を備えていること，

161

といった多くの特長に加えて，１つの取引（経済現象）や有り高（資産や負債）を，常に二重に記録することから記録の正確性も二重に確認できるという特長があるからです。

　簡単な例を１つだけ紹介します。商品を販売して，代金100円を現金で受け取ったとします。この取引は，①商品を100円で売ったということと，②現金を100円受け取った，という２つの側面があります。

　簿記では，これを「仕訳」という方式で次のように表示します。

| （借方）現　　　金 | 100 | （貸方）売　　　上 | 100 |

　ここで「借方」とは，「左側」という意味で，「貸方」は「右側」のことです。「借りる」とか「貸す」という意味はありません。

　簿記の知識のある方なら，上の仕訳を見るだけで，「商品を100円で売って，代金を現金で受け取った」ということがわかります。「現金」を「Cash」，「売上」を「Sales」と表記すれば，世界中どこでも通用します。**世界中どこでも同じ簿記のシステムが使われている**のです。

　この取引の記帳を，１人の人が担当するとしますと，いくつかの問題があります。

(1)　右（貸方）と左（借方）を間違えるかもしれない
(2)　金額を間違えるかもしれない
(3)　記帳を忘れるかもしれない
(4)　お金をポケットに入れてしまうかもしれない

第4章　社内不正に備える

(1)のように，仕訳の右と左を間違えて，

（借方）売　　　　上　　　100	（貸方）現　　　　金　　　100

のように記帳しても，簿記のシステムでは正しい仕訳とされます（商品を販売
したのが取り消されるときは，こうした仕訳になります）。ただし，その日の
「現金残高」が合わなくなります。金庫の中の現金は100円増えているのに，
帳簿上の現金残高は100円減っていますから，200円の誤差が生じます。これで
間違いが発生したことがわかります。

(2)のように，金額を間違えるとどうなるでしょうか。商品を100円で売った
にも関わらず，1,000円で販売したものと勘違いしたとします。仕訳を，

（借方）現　　　　金　　　100	（貸方）売　　　　上　1,000

と処理すれば，すぐにわかります。簿記では，右側の金額と左側の金額は同じ
でなければなりません。そこで，もしも，

（借方）現　　　　金　1,000	（貸方）売　　　　上　1,000

と処理すれば，これまたすぐに間違いだとわかります。金庫の中は100円しか
増えていませんから。

(3)のケースはどうでしょう。もうおわかりと思いますが，この取引の記帳を
しなくても，金庫の中の現金は100円増えているのです。その日の終わりには，

163

「金庫の現金が帳簿よりも100円多い」ことに気がつくはずです。

では(4)のケースはどうでしょうか。担当者が100円をポケットに入れてしまうケースです。もちろん，仕訳はしません。仕訳しないのですから，取り引きはなかったことになります。金庫のお金も変化しません。

このケースでは，金庫のお金と帳簿上の現金残高が一致しているために，現金の記録からは不正が発見されません。ただし，商品を販売して，得意先に引き渡していますから，その分，商品が減っています。帳簿上の商品残高と倉庫の実際の残高が一致しなくなります。

棚卸計算法では不正を発見できない

後のほうでくわしく説明しますが，商品の管理に「継続記録法（帳簿棚卸法）」という方法を使っている場合には，この不正が発見されるかもしれませんが，もう１つの方法である「棚卸計算法（定期棚卸法）」を使っている場合には，発見できません。

つまり，(1)〜(3)のケースは，その日の終わりには間違いに気がつくのですが，(4)のケースは，発見されないこともあるのです。

飲食店や小売りの店では，レジ担当者が売上（現金）の一部をポケットに入れるという不正が絶えません。特に，レシートを受け取らないお客さんの場合は，レジ係が売上げをポケットに入れる不正が多いようです。

では，どうしたらいいのでしょうか。現金の受払いを機械に任せるという手もあります。それについては，後で紹介します。ここでは，簿記を使って不正を予防する方法を紹介しましょう。

第4章　社内不正に備える

「借方」係と「貸方」係を別々に

　簿記は，1年間の記帳を1人でやっても，途中で誰かと交代しても，同じ結果が出ます。通常，人によって処理が変わるということはありません。また，借方（左側）の記帳をする人と貸方（右側）の記帳をする人が別であっても，1人で処理したのと同じ結果が出ます。

　そこで，現金については，借方（左側：入金）を記録する人と，貸方（右側：出金）を記録する人を分けるのです。できたら，現金そのものを出し入れする人も分けるといいでしょう。1日の終わりに，入金の合計と出金の合計を出し，金庫の現金と照合するのです。

　世界の情報技術が飛躍的に向上したとはいえ，400年前に考案された簿記のテクノロジーを超えるものはいまだに発明されていないのです。

　それが1人でするほうが早いとか，機械に任せたほうが1度にデータ処理できるので経済的だとか，販売部門や仕入れ部門から上がってくるデータを鵜呑みにしたりといった「シングル・チェック」「単眼思考」で済ませてしまっては簿記や会計の特長を活かせないことになります。

　以下では，身近な話を例として，「複眼思考」「ダブル・チェック」の考え方を紹介したいと思います。あらためて言うまでもないことですが，こうしたことをきちんとやっている企業はたくさんあります。しかし，こうしたことに無頓着な企業も数えきれないのです。それは中小企業に限らず，大手企業にも見られます。多くの官庁ではそうしたことへの問題意識も希薄です。

　担当者が1人しかいない場合なら，最初とは違った別のやり方でチェックす

165

るのが効果的です。銀行などに行きますと，窓口係の人が現金を数えるのに，扇状に開いて数え，さらに，1枚1枚めくって数え，2つの方法の結果が一致するかどうかを確かめています。

　企業でも，例えば，**交通費は，仕訳帳の集計，支払伝票，領収書など，いく
つものルートで確認できます。**領収書を監査や税務調査のためにだけ取っておくというのはもったいない話です。

　ダブル・チェックは，会計や資産管理にとって，非常に重要な作業なのですが，実は，実際には活用されているとは言い難いところがあります。
　次にその話をします。

「経営にサイバネティックスを」

　稲盛さんは「経営にサイバネティックスを」ということを言っています。サイバネティックスは，第2次世界大戦の時，アメリカで生まれた技術ですが，その目的は「人間は間違う動物である」ということを前提にした「**人間のミス
を予防するシステム**」を作ることにあったと言います。

　操作を間違えるということもあるし，**金銭的な間違いを犯す，気のゆるみか
ら間違いを犯す**ということもあります。発注伝票に「8」と入力するところを「88」と入れたり，「76」と入力するところを「67」と入力するミスもあるでしょう。

　私もしばしばこうしたミスを犯しています。先日も，同僚からスポーツ傷害の専門医院の電話番号を教えてもらったときに，電話番号の末尾を「3099」とメモし，番号を復唱したはずなのですだが，そこに電話してみると違うところ

第4章 社内不正に備える

につながるのです。ネットでこの専門医院のホームページを開いてみると，電話番号は「0399」でした。友人の言い違いなのか，私の聞き違いなのかはともかく，稲盛さんの言う「ダブル・チェック」が不完全であったことは間違いありません。

もう1つ例を出しますと，私のメール・アドレスは，「akanat@mpd.biglobe.ne.jp」ですが，最初の「akanat」を入力ミスする方が多いのです。意味のない文字列は，上に挙げた数字の列と同じで，しばしば聞き違えるし書き間違えます。

実は，この「akanat」は，逆から読むと「tanaka」で，わたしの苗字になります。アドレスを「tanaka」にすればよい話ではありますが，日本で「tanaka」はあまりにもありふれた苗字なので，「tanaka1117」とか「tanaka0987」とか，意味のない文字列を加えないとアドレスとして使えません。メール・アドレスを口頭で伝えるときには，苗字を逆に並べてあることを言い添えることによって間違いを防ぐことができるようになりました。

フェール・セーフ

サイバネティックスは，最初のスタートが，**人間は間違いを犯すものだ**という考えですから，そこからスタートすると，システムの中に，**人間が間違えてもシステムが壊れないような工夫**を組み込んでおかなければなりません。

「フェール・セーフ」という考え方で，2重3重に安全弁を付けておいて，誰かが1つボタンを押し間違えたら，ボタンを押し間違えたということを警告する，なおかつ他人がそれを見て「おまえ，間違えているよ」と指摘する，いろいろと何重にも安全弁を設けて，やっとシステムは安全に作動するというものです。

167

パソコンを使っていると，こちらがちゃんと指示を出しても「上書きします
か」とか「消去しますか」と確認してきます。これと同じです。こうした考え
が，いまでは，経営や経理の中に組み込まれる必要があるのです。

　よく知られているのは，核爆弾のボタンは1人の責任者に任せず，必ず，責
任ある2人で押さないと有効にならないようにシステムが作られているという
話です。

　そんな大それた，あってはならない話よりも，もう少し身近な例を挙げます
と，商品の仕入れや販売の契約にあたって上司の決裁を受けるとか（これが，
目的のとおりに機能しているかどうかは別の問題ですが），**一定額（数量）を
超える発注**をしようとしたり，**ぞろ目発注**しようとするときに発注担当者に
「確認」を促す工夫を仕組んでおくのです。

　たとえば，普段は1度に10箱くらいしか発注しないのに今回は100箱も発注
しているとすると，何らかのミス（発注数量の勘違い）が発生している可能性
があります。また，発注数量が「22」とか「33」とかの**「ぞろ目」**になってい
るときも要注意です。私たちも普段，パソコンに入力するときに，「5」と
キーを叩いたつもりが2度キーを叩いてしまい「55」になったということもよ
く経験します。

　こうした**「異常数量の発注」**や**「ぞろ目発注」**があったときに，コンピュー
タが**「警告」「注意勧告」**を発するように仕組んでおくとか，担当者がちょっ
とした勘違いをしても，誰かが（コンピュータの場合もある）**「別の目でチェッ
ク」**する，これが**サイバネティックス**の考えなのです。

　ただし，上司のチェックがお座なりであったり，担当者がコンピュータの警
告を無視したのでは，ダブル・チェックにもならないし，サイバネティックス

168

第4章　社内不正に備える

が活きないでしょう。数年前に，**みずほ証券**（当時）の担当者が「ジェイコム株1株61万円で売り」とすべきところを，「1円で61万株売り」と発注してしまったために，400億円を超える損害が発生するという事件がありました。

このときも，コンピュータは異常を感知して警告を発していたのを担当者が無視したといわれています。不正や過ちを防ぐシステムを完備しても，それに魂を吹き込まなければ宝の持ち腐れになるだけです。

不正が集中するのは「現金」と「在庫」

現金に絡む不正

――現金そのもの（窃盗，着服，不正使用……）

　現金には，名前は書いてありません。誰のものかはっきりしないのです。現金は，「それを持っている人のもの」なのです。しっかり管理しないと，誰かのサイフに入ったら，それでおしまいです。

――現金相当品（商品券，収入印紙，航空券，新幹線の切符，切手，株主優待……）

　これも同じです。不正を働こうとしている者は，こうした現金や現金相当品に目を付けているのです。

「現金」は「厳禁！」

　現金を受け取るのも，現金で支払うのも，事故・不正・トラブルの元です。できる限り，現金を扱わないように，営業や経理のシステムを作りましょう。

169

たとえば，営業担当者が，お得意先を回って売掛金を回収するのをやめて，すべて**銀行振込み**にしてもらうのです。

　反対に，わが社が仕入れ先に買掛金を支払う場合は，すべて**仕入れ先の銀行口座に振り込む**ようにします。

　法人用の「ネット・バンキング」を使うと，いちいち銀行まで行かなくても，入金の確認，仕入先への送金ができます。

やむを得ず「現金」の場合

　お得意先の都合で，やむを得ず，**売掛金を現金で回収する場合には，必ず，得意先にお礼（確認）の電話を入れる**ようにしましょう。いつの売掛金（何月の）か，金額はいくらであったか，それも確認するといいですね。

　わが社が，やむを得ず，仕入先の営業担当に**仕入れ代金を現金で支払った場合にも，必ず仕入れ先に電話を入れて**，何月分の買掛金，いくらを営業担当に渡したことを伝えることにしましょう。

　わが社も取引先も，現金の授受に際して，必ず，電話で確認しあっていることを**社員に周知**しておくことが，不正の予防になります。

　商店や飲食店などの場合，どうしても現金を扱わないわけにはいかないようです。ときどき相談を受けるのは，**従業員・レジ係が売上げをポケットに入れてしまう**ので困っている，という話です。先日も，あるクリニックの女医さんから，同様の相談を受けました。そのときご提案したのは，「セルフレジ」の導入でした。

第4章　社内不正に備える

セルフレジの導入

　セルフレジは，お客様がお支払いをするときに店の従業員が対応するのではなく，機械に任せるのです。最近は，病院などでも導入していますので，見かけたことがあるかと思います。清算のためにお客様を待たせることも減り，入金やお釣りのミスも減り，人手不足への対策としても評判がいいようです。**従業員が現金に触りませんから不正の防止に役立ちます。**

　現在，次の3社が「セルフレジ」の大手です。ご関心があったら，ネットで検索してみてください。
　　・寺岡精工
　　・東芝テック
　　・富士通フロンテック

「見せ金」

　資産・負債の中で**不正が行われやすいもの**として，**現金，棚卸資産**があります。この2つは，**金銭価値があると同時に移動が簡単**なために，従業員が着服したり持ち出したりしやすいのです。

　逆に，固定資産のように移動が困難であったり売却しにくいものは不正も起きにくいでしょう。ただし，企業が所有する不動産の権利書などは借入の担保として悪用される可能性があるので厳重な管理が必要です。

　現金預金の監査の場合は，通常，**金庫の中身や残高証明**などをチェックしますが，残念ながら，どちらも当てになりません。現金には所有者の名前が書い

171

てある訳ではないので，監査の当日だけどこかから借りてきて金庫に入れておき，監査が終わったら返却する，いわゆる「見せ金」ができるのです。

　同様に，**残高証明**もあまり当てになりません。誰かから借りたお金を銀行に預金して，残高証明を取得したら引き出して借りた人に返却することもできるのです。

　有効な対策としては，稲盛さんの発想を借りれば，**現金出納帳を記帳する人と現金の出し入れを行う人を別にする**のです。それと**毎日の取引をタイムリーに記録しておくこと**は，経理や在庫係にとって「証拠」「証明」になり，監査する立場からは日々の記録は信頼できる情報になるのです。毎日，**出納帳の残高**（記録をする人）と**現金残高**（現金を管理する人）を照合するようにしておけば，間違いも不正も予防できるでしょう。

「預け金」「架空発注」

　業者への「預け金」から金券（図書カードなど）を還流させるという手口で，**私的流用することもあります**。「預け」は，物品を発注しても業者（取引先）から品物を受け取らずに支払いだけする仕組みです。そうして業者や取引先に溜めた「預け金」で金券（図書カードなど）を買ってそれを金券ショップで換金するという手口です。**架空発注**でも同じ手口が使われることがあります。

第4章　社内不正に備える

KEYWORD

預け金＝業者（取引先）に物品を発注するが物品を納入させずに代金だけ支払うときの代金。後日，業者に別の品を納品させたり金券（商品券，図書カードなど）を納入させる。官庁や大学など，年度で予算が決まっているときに，年度末の予算残高を消化したり，予算では買えないものを買うために業者を迂回ルートに使う。

見せ金＝商取引などで，相手を信用させるために見せるお金。お金には名前が書いてないので，誰かから借りたお金を見せて信用させることもできる。監査などで金庫の中の現金がチェックされるとき，現金が足りない分を他から借りて入れておいて，チェックが終わったら返却するときのお金。

売上げの不正による着服

　架空の売上げを計上した会社の場合は，帳簿上だけの操作で済むこともありますが，**売れたとする在庫が倉庫に残っていると都合が悪いので**，しばしば，**在庫を社外に持っていく**といいます。現品を，架空売上げを頼んだ取引先とか海外の取引先や子会社に送りつけて，経理のチェックを逃れようとすることも多いようです。

粉飾は1人ではできない

　それだけ大掛かりな粉飾となりますと，1人ではできません。在庫をどこかに移すとなれば，在庫の管理者（入出庫係）が関与するでしょう。在庫担当者は，通常は，どの商品・原材料はどの得意先（工場）に運搬され，どの製品は

173

どの販売店にどれくらいの分量で輸送されるものかを知っていますし，運送担当者（ドライバー）も，普段の移送先と分量を知っていますから，**異常な在庫の移動には「何かある」と感じる**でしょう。

　経理の皆さんは，**ときどき運送担当者（ドライバー）とお茶でも一緒して，「最近は忙しい？」といった声をかけてみては**いかがでしょうか。

　ドライバーから「新しい取引先が増えたようですね」とか「夜間の運送はやめてほしいですね」とか「最近，急に忙しくなって」といった声を聞いたなら，「おかしい」「何かある」と思って，他の部署の人たちと茶飲み話をしてみてはいかがでしょうか。いや，たまには「飲み会」に顔を出すといいと思います。もしかしたら，真剣に会社のことを心配する社員や無理やり不正に加担させられている社員から，それとない信号を受け取ることもあると思います。

　架空売上げひとつとってみましても，在庫を動かすための**「出荷指示書」**，輸送車の手配，輸送先（倉庫）の手配，請求書，納品書，売上伝票，入金伝票，領収書，**「売掛金確認書」も偽造**しなければならないのです。「複眼思考」の考え方を実践すれば，書類や物品のどこかに不審を感じれば，不正を予防したり，大きな事件になる前に発見したりすることができるはずです。
　ですから，上に書いたように，領収書や入出庫伝票などは，会社のあちこちに分散して保管しておくほうが不正の予防になるのです。

費用の水増し・架空費用の計上

　金券ショップに行きますと，**領収書が売買**されています。一流会社のれっきとした領収書もあれば，とりあえず社名・住所・電話番号が印刷されている「ありそうな会社」の領収書もあるといいます。印章店（はんこ屋）に行くと，

174

第4章　社内不正に備える

社名や電話番号が判読できないようにした社印も売っているそうです。きっと偽の領収書を作るためのものではないでしょうか。そんな領収書をつかまされてはかないませんね。

　わが国は会社法決算と税法がリンクする「確定決算主義」を採用していますから，決算で計上する費用が多くなれば利益が減り，その利益額に対して課せられる税金も減ります。いきおい，**費用の水増しや架空費用を計上して税金を減らそうという会社**が出てくるのです。それって，脱税です。

裏金が次の犯罪を引き起こす

　こうした費用の水増しが問題なのは，脱税という犯罪にとどまらず，そうして作った**裏金で次の犯罪を引き起こす**からです。**ギフト券，商品券，新幹線や飛行機のチケット**，さらにエスカレートして**領収書の偽造**などで費用を水増ししますと，帳簿の上ではお金が出たことになっていますが，手許には現金が残ります。

　この問題が大きいのは，こうして浮かしたお金を何に使っているかです。これまでの企業不祥事を見ていますと，こうして**作った裏金が闇の世界に流れている**ことが多いようです。闇の世界とは，一度の付き合いが命取りになるといいます。

　そんなことになれば，費用の水増し（これも犯罪ですが）で浮かしたお金では払いきれないほどの**社会的制裁**が待っています。たとえ少額の10万円，20万円でも，裏金を作ってしまうと，それだけに収まらず，何らかの不正・不法行為・犯罪に結びついてしまうのです。稲盛さんのいう「社員に優しい会社」にするために，裏金・闇の世界につながらないように少額であっても厳しくチェックする必要があります。

175

商品券・新幹線チケット・航空券

　しかし，そうした企業でも，盆暮れには取引先やお得意先にお中元・お歳暮を「商品券」で配るということもあると思います。

　商品券は，ほとんど現金と同じ「金券」です。買い物にも使えるし，金券ショップで現金に換えることもできます。お中元・お歳暮として得意先などに配ったとしても，まさか領収書をもらうわけにはいきませんから，得意先に渡した商品券の金額は担当者以外にはわからないのです。

　会社の取り決めで，「得意先Ａ社の社長に２万円，次期社長の声が高い専務には１万円，購入を担当している営業部長には５千円」としてあったとしても，担当者が本当にその金額の商品券を渡しているかどうかまではわからないのです。**商品券は，昔から，総会屋対策や暴力団対策の資金として使われてきましたから，できるだけ使わないようにしたいものです。**

金券ショップでお金を作る

　従業員が販売活動などのために地方に出張するとき，新幹線や飛行機を利用することがあります。多くの会社は，JRや航空会社から割安のチケット（回数券など）をまとめ買いして，経理課などで保管しているでしょう。この**チケット類も，「金券」です。**金券ショップに持っていけばすぐに現金化することができます。**「架空出張」すれば，この金券は帳簿外のお金，つまり裏金に変身するのです。**

　社員が出張のときに使う**新幹線や飛行機のチケットは，「高く売れます」。**また，街角の金券ショップに行きますと，**航空会社の株主優待券を売っています。**

176

第4章　社内不正に備える

　　金券ショップで株主優待券を買って，会社が支給した航空券をキャンセルすれば，晩飯代くらいは浮きます。旅程が東京─札幌であれば，２－３万円も浮きます。

　　出張のときに，会社から「旅費」と「宿泊費」が支給されることもあるでしょう。新幹線のチケットを受け取り，宿泊費と日当を現金で受け取りながら，「夜行バス」を使って，格安に済ませることもあります。

　　いまでは，「高速バス」が全国を網の目のように走っています。実は，私は，三浦半島の不便なところ（地元の皆さん，スイマセン！）に住んでいますが，不便なところだけに，わが家の前から横浜駅行きの高速バスが出ています。横浜・東京に出るのも，横浜・東京から帰るのも，便利ですし，JRを使うよりも安くて，確実に座れます。

　　そんな時代ですから，出張に全国ネットの**「高速バス」**を使っても不思議ではありません。安くて済むだけではなく，夜行バスを使えば前日泊の宿泊費が浮きます。
　　でも，それって，大丈夫なんでしょうか。

通勤費の不正

　　似たような話ですが，社員が電車とバスによる**「通勤定期代」**を受け取っていながら，**バイク（自転車）で通勤**しているケースもあります。実家から通勤していることにして通勤費を貰い，実は，会社の近くにある親せきの家から通勤しているということもあります。会社の近くに引っ越したことを報告せず，**昔の（遠い）住所からの通勤費を受給し続けるケース**もあれば，**遠いところに引っ越したことにして，通勤費を水増し請求するケース**もあります。

177

いずれのケースも，通勤費の不正受給です。会社の財産を着服しているのです。1回，1か月でみれば小さな金額かも知れませんが，何回も，何年も続ければ大きな金額になります。では，どうしたらいいのか，後でお話します。

大悪事も最初は小事から

何が悪いのかと言いますと，「悪事は，最初は小事から」といい，次第に大きな悪事・不正に手を染めることになるからです。最初は，「会社の金を盗む」という意識が乏しく，うまく会社の経理を騙すことができたと思うと，次第に大胆に，巨額になってきます。不正が，会社の中だけの話では済まなくなると，会社の信用問題になりかねません。

不正は小さくても，「会社の金を盗む」のです。その結果，「他の社員の給料を盗む」ことになるのです。金額は小さくても，それは「脱税」につながります。そうなると「国のお金を盗む」ことになるのです。

そのことを，社員のみなさんに繰り返し伝えておきたいですね。

領収書の偽造

領収書の偽造・変造は，いつでも，どこでも発生しているようで，たとえ少額でも話題性があるのか，メディアが取り上げます。舛添さんが都知事のときは，いろいろ話題を提供しましたが，こんな話もありました。

喫茶店の領収書で，1万8千円。10人とか20人でお茶を飲んだのでしょうか。筆跡も文字の太さも，一目でわかるほど違ったそうです。4人でソバを食べて，

178

第4章　社内不正に備える

20人分の領収書を書かせたこともあったそうです。ソバ屋の店員さんがテレビで証言していたとか。

　領収書を並べて見るだけでも，異常点をみつけることができます。同じ日に交通費の請求が重複しているとか，会議費の領収書に飲食店の電話番号が書いていない，社印が不鮮明だ，著名な会社の領収書だが当社とは取引がない……こんなときは要注意です。

社名の読めない会社印

　一部のはんこ屋さん（印章店）では，印影のはっきりしない会社印を売っているという話ですし（知り合いの税理士から見せて貰ったことがあります），また，金券ショップでは，有名会社の「本物の領収書」が売られているといいます。不届きな社員が会社の領収書を金券ショップに売っているらしいのです。
　御社の「領収書管理」はどうなっていますか。すぐにでもチェックしてみてください。

領収書のチェック

・同じ日付の交通費が重複している

・会合の飲食店がやけに遠い（営業担当者の住所に近い）

・飲食店の領収書に電話番号が書いてない

・先週も同じ店で接待している

・いつもの飲食費よりも金額が大きい

・領収書の印影がはっきりしない

・当社とは取引がない会社だ

・金額欄の筆跡と日付欄や但し書きの筆跡やインクの色が違う

こうした領収書を使って社員が私腹を肥やしたり，会社が裏金を作ったり，不正の原因になりますから，十分に注意する必要があります。

パワーズの「領収証の歌」を聴いたことがありますか。歌詞の一部を紹介します。

♪　サイフの中の　領収証
　　万の位に　チョイト棒引けば
　　みごとにふえます領収証

♪　白紙で下さい　領収証
　　できれば下さい　２－３枚
　　ひとつよろしく領収証

　　　　　　　（作詞：塩沢彰光，作曲：茅　蔵人）

営業担当がお得意さんと食事をして，8,640円，店員に頼んで手書きの領収書に社名を書いてもらいました。経理に出すとき，「万の位に　チョイト棒引けば」，18,640円。

お店から手書きの領収書をもらうときに，店員さんが使ったボールペンをちょっと借りて，「チョイト棒を引く」というつわものもいるらしいです。筆記具が変わると，経理で疑われるかもしれませんから。

私文書偽造・3か月以上5年以下の懲役

でも，これって，「私文書偽造」です。刑法では，「３か月以上５年以下の懲役」です（第159条）。有印でも無印でも，同じです。重罰なんです。

180

第4章　社内不正に備える

　偽造された私文書の領収書を会社の経費処理に使えば，今度は，**税金逃れの費用水増し**となって，**脱税の罪**に問われかねません。社員が「万の位にチョイト棒引けば」，その社員だけではなく会社も責任を問われるのです。

見破るカギは消費税8％

　上の例で，8,640円の領収書を18,640円に偽造したものが経理に経費請求されました。さて，経理は，どうしたらいいでしょうか。営業担当からの請求では，「お得意さんとの商談に伴った飲食」ですから，通常の処理でいいはずです。

　ところが，ちょっと気になります。飲食の金額には，消費税が入っているはずです。そうしますと，18,640円を1.08で割りますと，税抜きで17,259円……切りが悪いですね。

　そこで，万の位の「1」を削ってみますと，8,640円，これを1.08で割って税別の金額を求めますと，ジャスト8,000円。**「チョイト棒引く」**前の金額が求められます。

タクシー代の水増し請求

　タクシーのレシートが手元にあったら，ちょっと見てください。たぶん，押印はないはずです。乗車地と下車地も印字されていません。わかるのは，日付，金額，タクシー会社名と電話くらいです。

　でも，タクシー料金を経理に請求するときは，**「交通費請求明細書」**のよう

181

な書類を出すでしょう。そこには，乗車地，下車地，タクシー利用の目的，時間などが書かれているはずです。

　タクシーの場合，機械が印字したレシートが出ますが，まれに，機械が故障したりして，**手書きの領収書**を出すこともあります。ですから，タクシーの運転手さんは，手書きで出すときのために領収書を持っている（ようです）。

　それを悪用してか，機械は故障していないのに，手書きの領収書を要求する乗客がいるそうです（それも，「白紙」の）。きっと，「チョイト棒引く」ためかもしれません。そうした偽造・変造した領収書を見逃すわけにはいきません。

タクシー代のシミュレーション

　タクシー料金のシミュレーションを提供しているサイトはたくさんあります。たとえば，**taxi deco** を使って「大手町から新宿」のタクシー料金を調べてみます。

　そうしますと，「昼間なら，2,810円。深夜料金なら　3,290円」という目安が計算されます。

　日本交通のシミュレーション（料金検索）を使いますと，「走行キロ数と所要時間」（6.9キロ，23分）も教えてくれます。経理に回ってきたタクシーのレシートも，もしかしたら私用のものかもしれませんし，誰かの家族が使ったタクシーのレシートかもしれません。気になることがあったらチェックしてみるといいですね。

182

第4章　社内不正に備える

領収書と押印

　領収書（レシート）は，必ずしも「押印」があるとは限りません。たとえば，タクシーの領収書やレストランのレジで出す領収書は，レジスターによって印字されたもので，通常は，押印されていません。

　ところが，タクシーでもレストランでも，手書きの領収書を出すときは，押印することが多いようです。どちらも領収書として有効です。

領収書の不正を見破る方法
——手書きの領収書は怪しい

　不正な領収書を見破る方法は他にもいろいろあります。ここでそれらをまとめて紹介しましょう。

　市販の領収書にゴム印の店名，住所などが書かれたものもあります。小さな店ですと，専用の領収書を印刷するのは大変なコストがかかるので，市販の領収書とゴム印を使うことがあります。きっと，金額欄は「手書き」です。パワーズの歌にあるように，白紙の領収書や「チョイト棒引く」ことができるものも多いでしょう。ですから，**手書きの領収書はすべて怪しいと考えて対応し**たほうがいいでしょう。

　飲食店のレジでは，通常，レジで印字したレシートが出されます。ただし，印字されるのは，日付，人数，飲食の内容（生ビールが何杯，突き出しが何人分，食事……）などです。

183

仲間内で飲食したときのレシートを，得意先の接待に見せかけて経理に出してもすぐにばれます。そこで，人数も，飲食の内容もわからなくするために，お店に「**手書きの領収書**」を出してもらい，但し書きを「食事代」にしてもらうという手が使われます。

パワーズの歌です。

> ♪　白紙で下さい　領収証
> 　　できれば下さい　２－３枚
> 　　ひとつよろしく領収証

行きつけの店なら，もしかしたら，「**白紙の領収書**」をくれるかもしれません。しかも，何枚も。「単独犯」なら，領収書の筆跡も同じかもしれません。「常習犯」なら，別の店の「白紙領収書」も活用しているかもしれません。

手書きの領収書は，いちど，全部机の上に並べてみるといいですね。**担当者別に並べてみる**とか，**店別に集めてみる**のもいいですね。日付，金額などの筆跡が似ていることで不正に気がつくこともあるのです。

「但し書き」からバレる

「○○電器店の領収書３万円」，但し書きが「お品代」……。

もしかしたら子供の玩具（ゲーム機）を買ったのかもしれません。電器店ならレジのレシートが出ますが，それだとゲーム機の名前が書いてあります。そこで，店員さんに頼んで，手書きの領収書に「お品代」と書いてもらう……。

第4章　社内不正に備える

金額からバレる

30,000円とか150,000円とか，端数のつかない切りのいい数字を**ラウンド・**
ナンバーといいます。商取引や飲食でラウンドナンバーになることはめったに
ありません。消費税が加算されれば，端数が出るはずです。

頭の数字が，「1」のときはちょっと注意が必要です。上でパワーズの「領
収証の歌」を紹介しました。

　♪　サイフの中の領収証
　　　万の位に　チョイト棒引けば
　　　みごとに増えます領収証

1.08で割り切れない領収書が経理に出されても，社員には「おかしい」とか
「怪しい」などとは言わないほうがいい。そんな話が伝われば，次回からの
「手書き領収書」は，きっと1.08で割り切れるものばっかりになってしまって，
怪しいかどうかがわからなくなります。

社名・店名からバレる

金額が大きい，中身がよくわからない，ちょっと気になる……そういうとき
は，一度，**電話してみる**といいですね。昼間に電話して相手が出ない……
ちょっと気になります。

会社名・店名を見ると，「○○観光」「○▽商事」「□○興行」「××商会」
……。但し書きが「飲食代」。風俗の店は，内容がよくわからないようにとい
う親心からか，こうした社名・店名を使った領収書を発行するそうです。

185

昼間に電話がつながらなかったら，一度夜遅くに電話してみるといいですね。威勢のいいお兄さんがガンガンの音楽を背に応対するようなら，きっとその手の店です。ただし，お得意さんを風俗の店に招待したということもあるでしょうから，扱いは慎重に！

文字・数字の不揃いからバレる

　金額の文字と宛名の文字が違うとか，日付の文字を違う人が書いたみたいだとか，文字や数字が不揃いに見えることもあります。こうした領収書を出してきた人の，過去の領収書を調べてみると……同じような領収書がゾロゾロ出てきたら大問題ですね。

日付からバレる

　領収書の日付は雄弁です。お休みの日のタクシー代，飲食費……おかしいですね。同じ日付のレシートも気をつけたいですね。一部の店（コンビニなど）ではレジのそばにお客がレシートを捨てるための「ゴミ箱」が置いてあります。そのゴミ箱から他人のレシートを拾って経費請求するということも聞いたことがあります。レシートの日付をみると，もう1枚同じ日付のものがある……。

領収書を「裏から見る」

　筆圧が違うと，別人の筆跡だとわかります。手書きの金額が「怪しい！」と思ったら，一度，裏返してみるといいですね。裏返しただけで，「筆圧が違う」ことに気がつくこともあります。そのときは，確認のために，裏返した領収書の金額欄を，ゆっくり，鉛筆でこすってみると……うーん，筆跡が違うと，文字に濃淡が出るのです。

186

第4章　社内不正に備える

聞いた話ですが，これは税務署の調査で使われている手法だそうです。

架空取引・在庫の持ち出し

簡単な例を挙げます。いま，商品を仕入れたとします。子会社や工場でも，地元企業からの仕入れや部品や原料の調達をするでしょう。そのとき，商品という現物は，発注担当者が発注伝票のとおりの商品が入荷したかどうかを確認し，倉庫係に渡され倉庫に収められます。

倉庫係も何がいくら入庫したかを確認し，記帳するはずです。在庫の出入庫を記録する方法として帳簿棚卸法を採用している場合でも棚卸計算法を採用している場合でも，入庫の記帳は必ず行います（棚卸計算法では出庫の記帳は行わない）。

出荷（庫出し）するときも，倉庫係は販売部門の出庫伝票を見ながら何をいくら出荷するかを確認します。販売担当者も，出庫伝票のとおりに商品が届けられたかどうかを確認します。販売されれば，納品書と領収書が作成されます。

「当期に販売した商品の数」は，売上伝票でも確認できますし，納品書や請求書の写しからでも確認できます。簿記の知識を使えば，

期首の在庫数 ＋ 当期仕入れ高 － 期末在庫数 ＝ 当期の販売数

という式からも確認できます。簿記の優れているところは，仕入れを担当する人，在庫を管理する人，販売する人がそれぞれ別人であっても，販売高は，販売担当者，仕入れと在庫を管理する人とは別のやり方で，「当期に販売した商

187

品の数」がわかることです。

　３人のうち誰かが計算を間違えたりすると，**上の算式で計算した「販売数量」と納品書・請求書で確認した「販売数量」が一致しなくなる**のです。従業員が在庫を横流ししても，仕入れてもいないのに仕入伝票を作成しても，架空売上げを計上しても，上の算式が成立しなくなります。

　以上は，**モノの動き**です。**お金の動き**もあります。商品を仕入れたときは代金を払うために，経理課の出納係に**発注伝票**の写しと仕入れ先からの**納品書**と**請求書**を渡して，支払って貰います。出納係は，通常，自社の銀行口座から仕入れ先の銀行口座に送金するでしょう。仕入れ先からは**納品書**と**領収書**が送られてきます。

　これだけ多くの人の手によって多くの書類が作成されますが，その**書類はそれぞれ別々に集計すれば，上の算式の当期仕入れ高（数量，金額）や当期販売高（数量，金額）も別のやり方で確認することができる**のです。売上伝票の合計は，その代金の回収形態（現金，売掛金，買掛金との相殺）からも確認することができます。

　ここで大事なことは，１つの数値（金額でも数量でも）を確認するには，必ず，「別の方法」で，「人を代えて」行うことです。つまり，複式簿記もダブル・チェックの原則が働いているのです。ですから，**１人の経理担当者の下に，発注伝票も，売上伝票も，納品書も，領収書も，請求書も，書類をすべて集めてしまいますと，ダブル・チェックが機能しなくなる**おそれがあるのです。

　「何事も１人に任せっきりにせず２人でする体制を作る」「チェックは同じ方法で２度やるのではなく，別の方法で行う」という「複眼思考」を取り込む必要があるのです。

188

第4章　社内不正に備える

　内部統制のような大掛かりな仕掛けでなくても，ほんの少し会計の知識，特に複式簿記思考の知識（簿記の知識ということではなく，**取引や経済事象を複式に認識・記録・確認するという考え方**）があれば，会計やお金が絡んだ不正を予防する手立てを講じることができるし，不幸にして事件・事故が発生したとしても大きな問題になる前に発見することができるでしょう。

在庫は粉飾・不正の温床

　再び**京セラ**の話をします。京セラの製品はセラミックです。セラミックというのは陶土や粘土を焼いて作ったものですから，一度製品にしてしまうと，流用はできません。

　ある会社から，半導体・液晶装置関連の部品を100万個，受注したとします。陶磁器ですから製品化段階で不具合が生じるものもあり，100万個ちょうどを製造するわけにはいかないでしょう。不具合によるアウト（製造段階でのハネもの）を見込んで110万個製造したとしましょう。ところが幸いにして，ほとんど不具合が発生せず，100万個を納品し，10万個が残ったとします。

　同じ会社から同じ部品の注文がくれば，この10万個を納品することもあり得るのですが，期末現在そうしたことが期待できなければ，この10万個を，稲盛さんは「ただの石ころ」だと言うのです。

　これを「**在庫**」としてバランス・シートに載せるか「**石ころ**」として損失処理するか，決算数値に大きく影響します。会社の倉庫にある在庫は，ときには宝の山でもあり，ときには石ころの山でもあるのです。

　知り合いの若い会計士から，会社の**棚卸し**に立ち会ったときの話を聞いたこ

189

とがあります。倉庫には天井に届くほどの在庫が積まれており，上のほうにある在庫は手が届かないために何であるかわからず，底のほうにある在庫は，上の在庫を降ろさなければ見ることができず，奥にある在庫は，姿さえみることができず，結局は会社の担当者の言うことを信じるしかなかったというのです。

　また，ある会計士は，天井まで積んである原料をチェックするために，下のほうにある原料をサンプリングで調べたところ帳簿の記載どおりであったので在庫の確認を終えたところ，後日になってわかったことは，実は，**手の届く範囲の原料は本物で，上のほうには無価値のニセモノが積んであった**というのです。在庫の確認は本当に難しいのです。

在庫の持ち出し

　従業員が在庫を不正に持ち出すこともあるでしょう。企業によっては「わが社は高額の在庫などはないから安心だ」「うちは部品しか作っていないから，どこにも売れない」というところもあるでしょう。

　ところが，いまの時代，動かなくなった電動工具でも，音が出なくなったステレオでも，机の引き出しに眠っていた，昔の携帯電話でも，**何でも売れる時代**です。

　近くに「ハードオフ」のような店はありませんか。インターネットの**オークション**やフリマ（フリーマーケット）を覗いたことはありますか。大きいところは，
　　・ヤフオク！（ヤフーオークション）
　　・ラクマ（楽天）
　　・メルカリ

第4章　社内不正に備える

などがあります。何でも（ちょっと誇張していますが）売り買いしています。御社が扱っている商品・製品・部品などの品名と品番で検索してみてはいかがでしょうか。**得意先に配るはずの「記念品」「粗品」がフリマに出ている**かもしれません。

在庫の不正を予防する──何が持ち出されているか

　在庫が不正に持ち出されていても，気がつかないことがあります。会計方法（在庫の出し入れを記録する方法）を工夫することによって，**まず何が持ち出されているかを調べ，そのうえで，必要な対策を立てるべき**です。ねじ・釘のような少額のものが持ち出されているからといって，お金がかかる対策を取るのはムダです。ある程度高額な物品に絞って対策を立てるほうが効率的です。

　ところで，上にも書きましたように，在庫の出し入れ（出入庫）を記録する方法には，**継続記録法（帳簿棚卸法）と棚卸計算法（定期棚卸法）**とがあります。

　継続記録法は，入庫と出庫の記録を，その入出庫のつど，**商品有高帳とか材料元帳に記帳**する方法です。帳簿の記録から，常に在庫の有り高がわかります。継続記録法は，「**在庫が一定の分量を下回ったら発注する**」などといった**在庫管理に適した方法**です（在庫管理については第3章で紹介しました）。

　ただし，この方法による**帳簿の残高**が，在庫として**実際に残っている数量**と一致するという保証はありません。なぜなら，いかに受け払いを正確に記録しても，在庫を保管している倉庫では，**紛失や盗難が発生**したり，**目減りや蒸発（揮発性の在庫）が起きれば，記録の上の在庫数と実際の在庫数に違いが出てくるからである。

191

こうした事情があるために，継続記録法を使うときは実際の在庫数量を確認するために，「実地棚卸」をする必要があるのです。実地棚卸をすると，記録上の在庫数量と実際の在庫数量を比べて，誤差を知ることができます。この誤差は，「棚卸減耗（費）」と言います。いつもより巨額になっているときは，「紛失」「盗難」を疑ってみるべきです。

　もう１つの棚卸計算法は，入庫の記録はつけるが，出庫の記録はつけず，期末に実地棚卸をして在庫量を調べ，

期首在庫量 ＋ 当期入庫量 － 期末在庫量 ＝ 当期出庫量

の式から，出庫の量を推計する方法です。出庫の記録を取らないという点で便利ですが，**社員の持ち出しなどが発覚しにくく，また，棚卸減耗を知ることができない**というデメリットもあるのです。

　御社が，単価が大きく移動が簡単な在庫に棚卸計算法を採用しているようでしたら，継続記録法に変えたほうがよいでしょう。また，ネジ・釘のように単価が低く不正が起きにくい在庫には，手数のかからない棚卸計算法を採用するとよいでしょう。一度，会社がどの在庫にどの方法を採用しているかを確かめてみてはいかがでしょうか。

在庫管理は新入社員にお任せ！

　在庫は，「売るほど」抱えているものだけに，倉庫に雑然と積まれていたり，返品されてきたものが事務所の隅に放置されていたり，倉庫に入りきらずに駐車場に仮置きされていたり，雑に扱われることもあります。

192

第4章　社内不正に備える

　そんな雑な管理（とても管理とは言えませんが）の状況ですと，お得意様から注文が来てもすぐには「在庫の有無の確認」ができずにあわてます。また，不届きな社員が無断で在庫を持ち出しても気がつかないこともあります。

　新規のお客様にサンプル（見本）として渡すためだと言って，余分に在庫を持ち出すかも知れません。発送ミスなどが原因で**返品されてきた良品**がちゃんとした手続きがなされずに総務の床に放置され，知らないうちに消えてなくなっていた，といったこともあります。

　多くの会社では，在庫の種類が少ない場合は専門の管理者を置かずに，営業担当と経理担当が，受け入れと出荷の記録と確認を行っています。在庫の種類が多い場合は，在庫管理の専任者がいると思います。どちらの場合でも，ある程度の**商品知識が必要なので経験者が担当**していることでしょう。

　経験の長い社員が在庫の管理を担当する場合には，商品知識が豊富ですから，品番を聞いただけでどの棚に置かれているかとか，どれくらい在庫が残っているか，その在庫（商品）は何に使うものか，一番のお得意様は誰か……といったことを熟知しています。商談や引き合いがあってもすぐに対応できるでしょう。

　その点では，経験者が在庫を管理するのはメリットが大きいのですが，デメリットもあります。それは，経験者の罠とでもいうべきことで，在庫の状況を頭で理解し，出入庫も頭で計算し，**実数の確認**をおろそかにしがちなことです。

　そこで，**社長さんに提案です。**

　在庫の管理を，今年の新入社員に任せてみませんか。「新入社員は，うちの商品（在庫）については何も知らないから，無理だ」とお考えになるかもしれ

193

ませんが，メリットもあります。

新人は一生懸命

まず，新人は商品知識がありませんから，一生懸命勉強します。もしかした
ら，時間があれば倉庫の中をうろうろし，通勤途中でもカタログを読み，段
ボール箱に入っている商品なら段ボール箱を開けて中身を確認し，機会をみて
は自社の製品・商品を使ってみたり食べてみたりするでしょう。半年もすれば，
社内で一番商品に詳しいといわれるようになっていると思います。

この話は，株式会社武蔵野の小山昇社長が『5千人の社長がすでに始めてい
るテキトー経営』（パブラボ）という本の中で提案しているものを応用したも
のです。小山社長は，こう言うのです。

「（小口現金制度の）お金の管理は営業所で職位が一番低い社員に任せている。
普通は最も上の立場の社員が管理するが，武蔵野は逆にしています。
　職責上位の社員であれば，『3日後の給料日に補てんすればバレないから，
こっそり流用してしまおう…』と見通しを立てることができる。
　ところが経験の浅い社員は，流用ができないです。しかも，職位が低くても
責任ある仕事を任せるので，社員が張り切る副産物があります。」

日本企業にビルトインされている内部統制

日本企業には，社内不正を予防するための工夫として，内部統制・内部牽制
のシステムが別の形で昔からビルトインされているのです。例えば，「転勤」，
「配置転換」，「協働」，「ベルトコンベアー作業」，「大部屋勤務」，「集団作業」
といった工夫です。

第4章 社内不正に備える

　日本企業では数年ごとに転勤や配置転換がありますから，社員はいつでも移動できるように身辺をきれいにしておこうとします。数年ごとに転勤や配置転換があれば，万が一，社員の着服や横領などがあっても，被害が大きくならないうちに発見できるのではないでしょうか。

　日本企業の場合，社員の仕事も，英米のオフィスが個室なのに比べて，隣の席から丸見えの状態です。工場の作業も，前工程がミスをすればすぐにわかりますから，ミスを放置するようなことはしません。前工程（隣の席）の作業が遅れれば手の空いている後工程の人が手助けするのは，これまで当たり前です。こうした環境の下では不正は起きにくいのです。

終わりに

　「社内不正」──できれば不正のない会社にしたいものです。しかし，残念ながら，不正を100％防ぐことは難しいです。

　できないからといって不正を放置すると，カビのごとく蔓延します。そこは，100％を目指さず，当面，半減させるくらいの気持ちで取り組むとよいでしょう。

　本書では，『すぐに取り組める』『すぐに結果の出る』，しかも『お金のかからない』予防法・予防策をいくつか紹介しました。1つでも2つでも実行してみてください。きっと，目に見える効果があると思います。

195

参考文献

飯田真弓『税務署は見ている。』日経プレミアシリーズ，2013年

岡村拓朗『自分を劇的に成長させる！　PDCAノート』フォレスト出版，2017年

川原慎也『マンガでやさしくわかるPDCA』日本能率協会マネジメントセンター，2016年

川原慎也『これだけ！PDCA』すばる舎リンケージ，2012年

楠木　新『経理部は見ている。』日経プレミアシリーズ，2016年

小山　昇『5千人の社長がすでに始めているテキトー経営』パブラボ，2016年

小山　昇『儲ける社長のPDCAのまわし方』KADOKAWA，2015年

竹内　均『よくわかるこれからのポカミス防止対策』同文舘，2012年

田中　弘『監査役のための「早わかり」シリーズ　経営分析』税務経理協会，2012年

田中　弘『即戦力シリーズ　最初に読む会計学入門』税務経理協会，2013年

田中　弘『会計データの読み方・活かし方　経営分析の基本的技法』中央経済社，2010年

田中　弘『わしづかみシリーズ　簿記を学ぶ』税務経理協会，2010年

田口安克，白土英成，田島雅子『従業員不正の防止と事後対応』税務経理協会，2013年

帝国データバンク情報部＋中村宏之『御社の寿命　あなたの将来は「目利き力」で決まる！』中公新書ラクレ，2015年

帝国データバンク情報部『危ない取引先の見分け方』中経出版，1998年

富田和成『鬼束PDCA』クロスメディア・パブリッシング，2016年

中島　茂『「不正」は急に止まれない！』日経プレミアシリーズ，2008年

中田　亨『「事務ミス」をナメるな！』光文社新書，2011年

中田　亨『ヒューマンエラーを防ぐ知恵　ミスはなくなるか』化学同人，2007年

原マサヒコ『まんがで身につくPDCA』あさ出版，2015年

前田康二郎『不正に走る普通の人たち』日本経済新聞出版社，2016年

藤森　徹『あの会社はこうして潰れた』日経プレミアシリーズ，2017年

本郷孔洋・田中　弘『税務会計の基礎』税務経理協会，2013年

本郷孔洋『本郷孔洋の経営ノート』東峰書房，2011年より，年刊

本郷孔洋『私の起業ものがたり』東峰書房，2014年

本郷孔洋『つぶれない会社を簡単に作る方法』プレジデント社，2006年

吉岡憲章『潰れない会社にするための12講座』中公新書ラクレ，2002年

和仁達也『決定版　年間報酬3000万円超えが10年続く　コンサルタントの教科書』かんき出版，2014年

著者プロフィール

田　中　　弘（たなか　ひろし）

神奈川大学名誉教授・博士（商学）（早稲田大学）

早稲田大学商学部を卒業後，同大学大学院で会計学を学ぶ。貧乏で，ガリガリに痩せていました。博士課程を修了後，愛知学院大学商学部講師・助教授・教授。この間に，学生と一緒に，スキー，テニス，ゴルフ，フィッシングを覚えました。
1993年－2014年神奈川大学経済学部教授。
2000年－2001年ロンドン大学（LSE）客員教授。
公認会計士２次試験委員，大蔵省保険経理フォローアップ研究会座長，
郵政省簡易保険経理研究会座長，保険審議会法制懇談会委員などを歴任。

一般財団法人経営戦略研究財団　理事長
一般財団法人日本ビジネス技能検定協会　会長
辻・本郷税理士法人　顧問
日本生命保険相互会社　社友
ホッカンホールディングス（株）　社外取締役
英国国立ウェールズ大学経営大学院（東京校）教授
日本アクチュアリー会　客員
一般社団法人中小企業経営経理研究所　所長
連絡先　Ｅメール　akanat@mpd.biglobe.ne.jp

最近の主な著書

『GDPも純利益も悪徳で栄える──「賢者の会計学」と「愚者の会計学」』税務経理協会，2016年
『「書斎の会計学」は通用するか』税務経理協会，2015年
『新財務諸表論（第５版）』税務経理協会，2015年
『財務諸表論の考え方──会計基準の背景と論点』税務経理協会，2015年
『会計学はどこで道を間違えたのか』税務経理協会，2013年
『国際会計基準の着地点──田中弘が語るIFRSの真相』税務経理協会，2012年
『IFRSはこうなる──「連単分離」と「任意適用」へ』東洋経済新報社，2012年
『経営分析──監査役のための「わが社の健康診断」』税務経理協会，2012年
『会計と監査の世界──監査役になったら最初に読む会計学入門』税務経理協会，2011年
『複眼思考の会計学－国際会計基準は誰のものか』税務経理協会，2011年
『国際会計基準はどこへ行くのか』時事通信社，2010年
『会計データの読み方・活かし方──現代会計学入門』中央経済社，2010年
『会計学を学ぶ－経済常識としての会計学入門』（共著）税務経理協会，2008年
『会社を読む技法－現代会計学入門』白桃書房，2006年
『不思議の国の会計学－アメリカと日本』税務経理協会，2004年
『時価会計不況』新潮社（新潮新書），2003年
『原点復帰の会計学－通説を読み直す（第二版）』税務経理協会，2002年
『会計学の座標軸』税務経理協会，2001年

著者との契約により検印省略

平成30年6月25日　初版第1刷発行　　　**伸びる会社のチエ袋**

著　　者　田　中　　　弘
発　行　者　大　坪　克　行
印　刷　所　税経印刷株式会社
製　本　所　牧製本印刷株式会社

発　行　所　〒161-0033 東京都新宿区　　株式　税務経理協会
　　　　　　下落合2丁目5番13号　　会社

振　替　00190-2-187408　　電話　（03）3953-3301（編集部）
ＦＡＸ　（03）3565-3391　　　　　（03）3953-3325（営業部）
URL　http://www.zeikei.co.jp/
乱丁・落丁の場合は，お取替えいたします。

© 田中　弘 2018　　　　　　　　　　　　　Printed in Japan

本書の無断複写は著作権法上での例外を除き禁じられています。複写される
場合は，そのつど事前に，（社）出版者著作権管理機構（電話 03-3513-6969，
FAX 03-3513-6979，e-mail：info@jcopy.or.jp）の許諾を得てください。

JCOPY ＜（社）出版者著作権管理機構 委託出版物＞

ISBN978-4-419-06524-9　C3034

キャッシュ・フロー計算書

Ⅰ　営業活動によるキャッシュ・フロー	
税引き前当期純利益	300
減価償却費	30
有価証券売却損	20
売掛金・受取手形の増加額	－ 60
棚卸資産の減少額	40
買掛金・支払手形の増加高	30
小　計	360
法人税等の支払額	－ 150
営業活動によるキャッシュ・フロー	210
Ⅱ　投資活動によるキャッシュ・フロー	
有価証券の売却による収入	200
有形固定資産の取得による支出	－ 160
投資活動によるキャッシュ・フロー	40
Ⅲ　財務活動によるキャッシュ・フロー	
短期借入れによる収入	100
社債の償還による支出	－ 80
財務活動によるキャッシュ・フロー	20
Ⅳ　現金及び現金同等物の増加額	270
Ⅴ　現金及び現金同等物の期首残高	2,400
Ⅵ　現金及び現金同等物の期末残高	2,670

損　益　計　算　書

営業損益計算	Ⅰ　売上高		100
	Ⅱ　売上原価		
	1　商品期首棚卸高	10	
	2　当期商品仕入高	54	
	3　商品期末棚卸高	12	52
	売上総利益		48
	Ⅲ　販売費及び一般管理費		
	販売手数料	4	
	広告宣伝費	13	
	給料・手当	10	
	減価償却費	6	33
	営業利益		15
経常損益計算	Ⅳ　営業外収益		
	受取利息及び割引料	1	
	受取配当金	15	16
	Ⅴ　営業外費用		
	支払利息	1	
	有価証券評価損	1	2
	経常利益		29
純損益計算	Ⅵ　特別利益		
	固定資産売却益		13
	Ⅶ　特別損失		
	為替損失		2
	税引前当期純利益		40
	法人税等		16
	当期純利益		24

ここまでが当期業績主義の損益計算書

全体として包括主義の損益計算書

貸 借 対 照 表

（資産の部）			（負債の部）		
Ⅰ　流動資産			Ⅰ　流動負債		
当座資産			支払手形		16
現金・預金		28	買掛金		8
受取手形		1	短期借入金		11
売掛金		2	流動負債合計		35
有価証券		4	Ⅱ　固定負債		
計		35	社債		9
棚卸資産			長期借入金		2
商品・製品		23	退職給付引当金		2
仕掛品		5	固定負債合計		13
原料・材料		7	負債合計		48
計		35	（純資産の部）		
流動資産合計		70	Ⅰ　株主資本		
Ⅱ　固定資産			1　資本金		36
(1)　有形固定資産			2　資本剰余金		
機械・装置		12	(1)　資本準備金		7
土地		21	(2)　その他資本剰余金		1
建設仮勘定		8	自己株式処分差益		1
計		41	資本剰余金合計		9
(2)　無形固定資産			3　利益剰余金		
特許権		2	(1)　利益準備金		2
商標権		4	(2)　任意積立金		
計		6	中間配当積立金		2
(3)　投資その他の資産			別途積立金		31
投資有価証券		20	(3)　繰越利益剰余金		10
固定資産合計		67	利益剰余金合計		45
Ⅲ　繰延資産			株主資本合計		90
社債発行費		1	Ⅱ　評価・換算差額等		0
資産合計		138	負債・純資産合計		138